コロナがあばく
社会保障と生活の実態

コロナと自治体 3

伊藤周平　編著

自治体研究社

はしがき

伊藤周平

２０２０年以降の日本での新型コロナウイルス感染症（COVID-19）の拡大は、国民生活に大きな影響を及ぼし、医療など日本の社会保障の制度的脆弱さを浮き彫りにしました。

新型コロナの感染拡大地域では、医療提供体制がひっ迫し、医療が機能不全に陥る「医療崩壊」が現実化しました。感染症治療を担う公的・公立病院や保健所を削減し、病床も削減し医師数を抑制してきた医療費抑制政策のツケが回ってきたといえます。介護現場も、深刻な人手不足で介護サービスの基盤が揺らいでいるところに、新型コロナが直撃、「介護崩壊」が現実化しました。

一方、消費税率の10％への引き上げ（２０１９年10月〜）に新型コロナの感染拡大が加わり、日本経済はリーマンショック時をこえる不況に陥り、雇用情勢が急激に悪化しています。事業者への「補償なき自粛要請」、国民への外出自粛などの結果、観光・飲食業界をはじめ事業者の倒産・廃業、非正規の人を中心に失職者が増大しているからです。完全失業率は、２０２１年5月には3・0％にはねあがりました（総務省「労働力調査」）。飲食業などサービス業には非正規雇用の女性が多く従事しており、女性の失職が相次いでいます。収入の糧を失った人は、住まいを失ったり、その日の食費や生理用品を買うお金にも不自由しています。そして、本書（第Ⅰ部）でみるように、２０２０年は女性の自殺者数が急増しました。まさに未曾有の危機というほかありません。

この間、菅義偉《すがよしひで》政権は、新型コロナの感染拡大防止に全力をそそぐと言いつつ、感染症病床や医療従事者の確保、ＰＣＲ検査体制の拡充を怠り、国民・事業者の感染防止の自助努力に頼る無為無策ぶりでした。現在の感染拡大を招いたのは政権の無為無策による「人災」といってよいのです。

にもかかわらず、菅政権は、なんの反省もなく、コロナ禍で、病床を増やすどころか、病床の削減を粛々と進めています。２０１９年11月から２０２０年11月でみても、全国で2万１３５０床もの病床が削減されています（厚生労働省「医療施設動態調査」による）。しかも、さらなる病床削減を進める医療法等改正案（良質かつ適切な医療を効率的に提供する体制の確保を推進するための医療法等の一部を改正する法律案）と、75歳以上の高齢者の窓口負担を2割に引き上げる健康保険法等改正案（「全世代型の社会保障制度を構築するための健康保険法等の一部を改正する法律案」）とを２０２１年の通常国会に提出し成立させました。

前者の医療法等改正では、医療計画の記載事項に新興感染症等への対応に関する事項を追加すること、２０２０年に創設された「病床機能再編支援事業」を地域医療介護総合確保基金に位置づけ、当該事業については国が全額負担する（消費税が財源）ことのほか、再編を行う医療機関に関する税制優遇措置を講じることとされました。病床を減らした病院に補助金を支給し、社会保障の充実のためと称して増税された消費税をその補助金の財源とするというのですから本末転倒です。後者の健康保険法等改正では、医療費抑制のために、年収200万円以上の高齢者の窓口負担を2割とする改正が断行されました。感染症による重症化リスクの高い高齢者を受診抑制に追いこみかねない改正は、感染症対策・公衆衛生政策に逆行するものです。

そして、今度は、ワクチン接種が急ピッチで進んでいることに気をよくしたのか、菅政権は、コロナ禍で、適切な医療が受けられず死亡する人や生活困窮で自殺する人がいる現実になんの対策も打たないまま、東京オリンピック・パラリンピックの開催を強行しようとしています。このままでは、再びコロナの感染者数が急増し、医療提供体制がひっ迫し、救える命が救えない事態となるでしょう。再び緊急事態宣言を出すようなことになれば、さらに失業者・失職者、生活困窮者、そして自殺者が増加するでしょう。

科学的根拠のない楽観的な精神論で、「安心・安全のオリンピック・パラリンピック大会を実現する」と念仏のように唱えるだけで、実効的な対策は一切示そうとしない菅政権の姿は、かつて第2次世界大戦で、敗戦へと突き進み、そしてだれもその責任をとろうとしなかった日本の指導部の姿に重なります（実際、先の敗戦にたとえて「コロナ敗戦」ともいわれています）。父から聞いた話ですが、敗色濃厚だった戦争末期、父は学校の教師から「日本が負けることはない。かつて元寇の時には、鎌倉幕府の執権は北条時宗だったから、北の神風が吹いてモンゴル軍を退却させた。今は東条英機内閣だから、東の神風が吹いてアメリカ軍を退却させる」と教えられたそうです。信じがたい空虚な精神論です。妄想といってもいいでしょう。現在の菅政権も、神風が吹いて、感染症を吹き飛ばし、ずさんな対策しか講じていないオリンピック・パラリンピックが無事できることを祈っているのでしょうか。国民の命を危機にさらして、オリンピック・パラリンピックの開催というギャンブルに出て自己の政権の延命をはかろうとする菅政権は、もはや退場させるしかありません。そのためには、コロナ禍の貧困の現実、明らかになった社会保障の脆弱さを直視し、先進的な自治体の政策も参考にしながら、社会保障・雇用保障の充実の道筋を示す作業が不可欠です。

本書は、こうした問題意識から、総論部分にあたる第Ⅰ部で、コロナ禍で明らかになった社会保障の脆弱さと諸問題が、これまでの新自由主義政策に起因することを医療・介護、そして雇用政策の分野で検証し、医療・介護、雇用分野の政策課題を展望します。

第Ⅱ部1では、コロナ禍の生活困窮と貧困状況、その支援の現状を具体的に明らかにし、民間団体の支援の限界と、公的支援の必要性を指摘しています。

第Ⅱ部2では、先進的な自治体の取り組みとして、兵庫県明石市の市民生活に即したコロナ対応の支援策（高校進学給付型奨学金の創設、児童手当1万円の上乗せ支給など）が紹介されています。

本書が多くの人に読まれ、新型コロナのパンデミックに端を発した戦後最大の国民生活の危機に立ち向かうための社会保障の再構築の道標、そして、危機に対し国民の命を守る有効な政策を実現できる政権の樹立に向けての第一歩になってくれることを願っています。

２０２１年6月30日

目次

コロナがあばく社会保障と生活の実態

[コロナと自治体　3]

第Ⅱ部　コロナに対応するネットワークと自治体

第Ⅰ部

コロナがあばいたもの

1　コロナ禍があばく社会保障の脆弱さと政策課題
――医療・介護・雇用政策を中心に

伊藤周平

1　問題の所在
――コロナ禍による生存危機と本稿の課題

(1)　コロナ禍が「生存権」を脅かす

新型コロナウイルス感染症（COVID-19）の第4波といわれる感染拡大で、2021年4月には、東京都、大阪府などに3度目の緊急事態宣言が出され、さらに、5月に入り、北海道、福岡県、沖縄県なども対象地域に追加されました（6月20日に解除。沖縄県は7月11日に解除）。今回の第4波は、感染力の強い変異株の影響で、感染者の重症化のスピードが速く、感染拡大地域では、病床が足りず治療が受けられなくなっています。なかでも大阪府では、入院できない自宅療養の患者が激増、自宅療養中や入院調整中に容体が急変して亡くなる人が続出しています。救える命が救えない「医療崩壊」というべき事態、さらには、高齢者は「延命措置を希望しないという意思表示がないと入院できない」という「命の選別」まで起きています。

一方、コロナ禍の中、飲食業などで営業自粛や時間短縮が求められ、解雇や雇止めにあって仕事を失った人々は10万人を超えています（厚生労働省調べ）。コロナ関連倒産は、飲食業の284件を最多に、1500件を超えました（2021年5月末現在。帝国データバンク調べ）。廃業・休業を含めると、この3倍にのぼるとされています。そして、飲食業などサービス業には非正規雇用の女性が多く従事しており、女性の失職が相次いでいます。収入の糧を失った人は、住まいを失ったり、その日の食費や生理用品を買うお金にも不自由しています（詳しい現状については、第Ⅱ部の瀬戸論文を参照ください）。

また、コロナ禍による外出自粛や学校・保育施設の休校等の影響で、母親労働者の家事労働やストレスが増大しています。コロナ禍で「ステイホーム（家にいよう！）」が求められていますが、閉鎖的な家庭環境の中、女性に対する暴力（ドメスティックバイオレンス。以下「DV」といいます）や児童虐待も増大しています。DVの相談件数は、2020年度は約19万件と、過去最多だった2019年度（11万9000件）の6割増となる見込みです。児童相談所が受け付けた児童虐待の相談件数も、2020年3月～2021年2月の速報値（厚生労働省）によれば年間約20万件と過去最高を更新し続けています。コロナ禍の自粛生活や生活困窮のストレスからくる暴力が、家庭内において立場の弱い子どもや女性に集中して向けられているのです。

家庭で暴力や虐待を受けている子どもたちにとっては、家が安全な場所とはいえません。休校で給食がなくなり、自宅では、生活困窮のため十分な食事がとれなくなった子どもたちも多くいます。従来から、夏休みなど長期休暇になると、食事が十分とれず痩せてしまう子どもたちは散見されました。そうした子どもたちの食を保障してきた子ども食堂も、感染拡大を防ぐため、一時閉所が相次ぎました。現在は、徐々に再開が進んでいますが、財政基盤の弱いところも多く、そのまま閉所となったところも少なくありません。

かくして、2020年7月以降、女性の自殺は前年比4割増と急増し、2020年の小中高生の自殺者数は479人と過去最多を記録しました（警察庁調べ）。

日本国憲法25条は、私たち国民の「健康で文化的な最低限度の生活を営む権利」（「生存権」といわれます）があることを明記し（25条1項）、この権利を保障する義務を国（政府）に課しています（同条2項）。だとすれば、国には、コロナ禍から、私たち、とくに「生存権」が脅かされ、生存の危機にたたされている人々の暮らしや命を守る義務があるはずです。民間の支援団体の善意の活動に頼るのではなく、行政が税金を使って、子ども食堂、大人食堂のように、生活に困っている人たちへ必要な支援を行うべきなのです。

⑵ 社会保障の基本は公的責任

ところが、現在の菅義偉《すがよしひで》政権は「自助・共助・公助」を掲げつつ、「自助」を重視（強要）し、国の役割を最小限にとどめることをめざしています。「菅内閣が目指す社会像は、『自助・共助・公助』そして『絆』である。まずは自分でやってみる。そうした国民の創意工夫を大事にしながら、家族や地域で互いに支えあう。そして、最後は国が守ってくれる」（「全世代型社会保障改革の方針」２０２０年12月15日）というのです。

まずは自分の力で何とかしなさい、困ったときには国が助けてあげるから、との考え方は一見もっともらしく聞こえます。しかし、私たちは、病気で働けなくなったり、障害を負ったり、突然、会社が倒産して仕事を失ったりと、個人の努力ではどうしようもない場面にしばしば遭遇します。そうした場合でも、健康で文化的な最低限度の生活が維持できるように、すなわち生存権を保障するために、国（自治体も含みます）の責任で、生活を保障する仕組みが「社会保障」といわれるものです。現代社会では、自分の力や家族や地域での支えあい、抽象的な「絆」ではどうにもならないことが多いからこそ、社会保障の仕組みが必要であり、国が、私たちの払う税金を使って社会保障の仕組みを整える責任があるのです（そのために私たちは税金を払っているともいえます）。

そもそも、日本語には「自助」という言葉はありますが、「共助」という言葉は「互助」の意味で使われ、「公助」という言葉は存在しません。国（厚生労働省）が作り出した特異な概念といえ、国際的には全く通用しない概念です。ちなみに、「自助」は「self help」と英訳できますが、「公助」は英訳不可能です。あえていえば「public support」でしょうが、これは「公的支援」というべきです。困ったときは、公（国・自治体）が助けてあげるという恩恵的な意味あいの強い「公助」ではなく、憲法25条に基づいて、国・自治体の責任で（「公的責任」といわれます）、社会保障を整備し国民の生活を保障するべきなのです。菅政権の「自助・共助・公助そして絆」といった考え方は、社会保障は公的責任とする憲法の考え方を曲解するものです。

(3) 菅政権の無策と本稿の課題

自分の力ではどうにもならない事態という点では、今回の新型コロナの感染拡大（パンデミック）がその典型といえるでしょう。どんなに感染対策に気を付けても、家と職場の往復だけでも感染してしまう人がたくさん出ているのですから。

国民の健康な生活を維持するために、新型コロナのような感染症対策や疾病の予防、地域保健などを行う政策は、公衆衛生（public health）と呼ばれます。公衆衛生は、生存権を保障する社会保障のひとつと捉えられ、国の責任で行うことが憲法25条2項に明記されています。公衆衛生の担い手である国は、新型コロナのパンデミックのような伝染病流行時には、検査体制を整備し、感染者を治療するための感染症病床を確保するなど、感染の拡大を防ぐ対策を行う責任があります。

しかし、菅政権は、病床の確保やＰＣＲ検査体制の拡充を怠り、国民・事業者の感染防止の自助努力に頼る無為無策ぶりです。国民への自粛のお願いばかりで「国民の我慢」だけに頼る対策といってよいでしょう。感染対策の切り札とされたワクチンの接種も、急ピッチで進んでいるとはいえ、免疫ができる2回接種を受けた人は、いまだ人口の1割程度で（2021年6月末時点）、免疫をもっていない人にも予防効果が及ぶ「集団免疫」が得られるとされる人口の6～7割には程遠い状況です。

そもそも、現在の病床（とくに感染症病床）の不足や検査体制の不備などは、歴代の自民党政権のもと、社会保障に必要な予算を確保せず、社会保障費の自然増部分など必要なところまで削減してきた医療政策、公衆衛生政策の帰結なのです。コロナ禍は、社会保障削減の結果もたらされた日本の社会保障の脆弱さ、政策の問題点を明らかにしたのです。

何よりも、短期ならともかく、1年以上にもわたり国民に自粛や行動制限（自助努力）を強いることには限界があります。現実に、度重なる緊急事態宣言にもかかわらず、感染者数は抑えられていません。政権は、感染の拡大を感染力の強い変異ウイルスの流行のせいにしていますが、それとても、検疫体制の不備（とくに検疫官の不足）から、水際対策が他の国に比べて緩く、容易に日本国内への変異ウイルスの流入を許してしまった失策、他国では行われている変異ウイルスを見つけるためのゲノム（全遺伝子配列）検査すらまともにやってこなかった（できなかった）失策の結果なのです。そうした政権の責任には口をつぐみ、国民にマスク、手洗い、消毒、そして外出自粛を訴えるだけでは、国民の側に不安と不満が強まるのは当然です。そして、十分な補償のない営業時間短縮や営業自粛要請などの緊急事態宣言の繰り返しは、倒産や廃業、失業者を増やし国民を疲弊させます。

本稿では、以上のような現状を踏まえ、コロナ禍で明らかになった社会保障の脆弱さと諸問題が、これまでの新自由主義政策に起因することを医療・介護、そして雇用政策の分野で検証し、新型コロナの感染拡大による医療崩壊、介護崩壊さらには雇用危機の様相をふりかえり、政権の対応とその問題点を指摘します。そのうえで、医療・介護、雇用分野の政策課題を展望します。

2　コロナ禍で明らかになった医療政策の問題点と課題

⑴　医療費抑制政策の展開と病床削減

①減らされてきた病床

コロナ禍により医療崩壊が現実化した背景には、医療費抑制政策を続けてきた国の医療政策があります。医療費抑制政策の中心は、病床数の削減と医師数の抑制に置かれてきました。

新型コロナの感染拡大で、感染症指定医療機関や感染症病床の不足が問題となっていますが、もともと、国は、感染症の患者が減ってきたことを理由に（実際は微増なのですが）、指定医療機関や感染症病床を削減してきました。国内の感染症病床は、第1種指定医療機関（全国55か所）の103

床、第2種指定医療機関（同351か所）の1758床と（2019年）、1998年の旧伝染病指定病床数9060床の5分の1弱になっています（厚生労働省調べ）。感染症指定医療機関も、自治体が運営する公立病院と日本赤十字社などが運営する公的病院がその約8割を占めています。

重症患者のための集中治療室（ICU）も、2013年には、全国で2889床ありましたが、2019年には2445床に削減されています（減少分のうち公立病院が419床を占めます。全国自治体病院協議会「病院経営分析調査報告書」）。

②地域医療構想による病床削減

2014年には「地域における医療及び介護の総合的な確保を推進するための関係法律の整備等に関する法律」（「医療介護総合確保法」）が成立、医療法が改正され、2014年10月より、病床機能報告制度が創設され、それを受けて都道府県が地域医療構想を策定する仕組みが導入されました。

病床機能報告制度は、各病院・有床診療所が有している病床の医療機能（高度急性期、急性期、回復期、慢性期）を、都道府県知事に報告する仕組みで、各医療機関は「現状」報告と「今後の方向」の選択（たとえば、今は回復期だが、今後は急性期とするなど）、構造設備・人員配置等に関する項目などを報告します。報告内容を受けて、都道府県は、構想区域（各都道府県内の2次医療圏を原則とし、現在341区域あります）において病床の機能区分ごとの将来の必要量等に基づく「必要病床数」を算出した地域医療構想を策定します。

あわせて、都道府県は、構想区域ごとに、診療に関する学識経験者の団体、その他の医療関係者、医療保険者などとの協議の場（地域医療構想調整会議）を設け、協議を行います。また、都道府県知事は、病院の開設等の申請に対する許可に、地域医療構想の達成を推進するため必要な条件を付すことができ、病床削減（転換）などの要請、勧告（公立病院に対しては命令）、それらに従わない医療機関名の公表などの措置を発動できます。

地域医療構想のねらいは、看護師配置の手厚い（つまり診療報酬が高い）高度急性期の病床を他の病床機能に転換させ、もしくは過剰と判断された病床開設は認めないなどして計画的に削減し、入院患者を病院から在宅医療へ、さらに介護保険施設へと誘導することで（「地域包括ケアシステム」といわれています）、医療費を削減することにあります。

２０１８年までにすべての構想区域で、地域医療構想が出そろいましたが、地域医療構想の完遂による「必要病床数」を実現した場合、全国で15万６０００床（２０１３年時点の必要病床数との差引）もの病床削減が必要となり、地域に必要な医療機関や診療科の縮小・廃止が生じかねません。国は、地域医療構想の実現は、都道府県と地域の医療機関の協力のもとで進めていくことを原則としていますが、法改正により都道府県知事の権限が強化されていて、上からの機能分化が進められる懸念は払拭できていません。機械的に病床削減を実施していけば、必要な医療を受けることができない患者が続出することになり、地域医療は崩壊します。

図表Ⅰ-1　人口1000人当たりの医師数の国際比較（2018年）

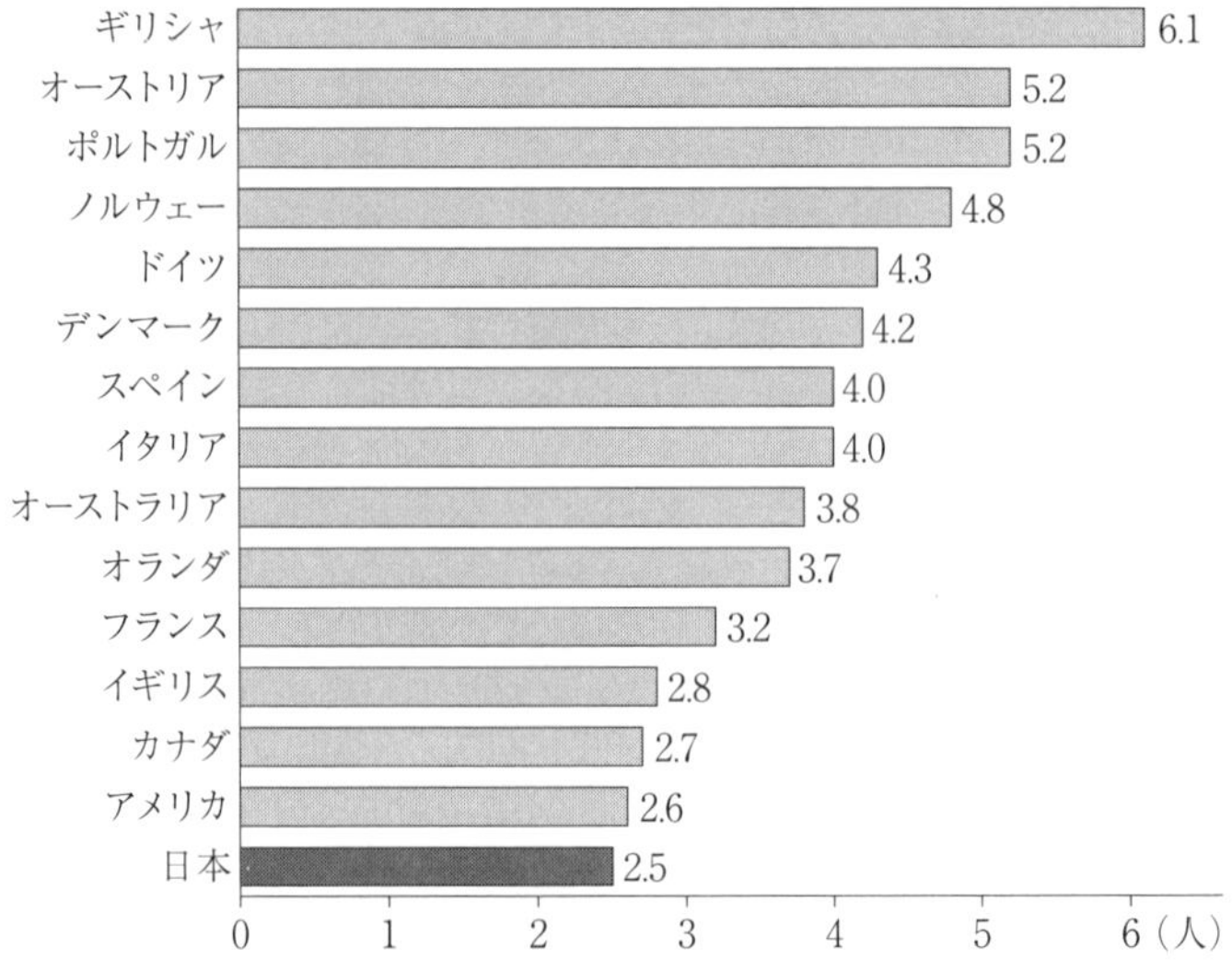

出所：OECD. Health Statistics 2020より作成。

③医師数の抑制と看護師の人材不足

地域医療構想で算出された「必要病床数」は医師や看護師の需給推計にも連動しており、急性期病床の削減で、とくに病院看護師の需要数は現状より大幅に少ない人員で足りるとの推計となっています。医師についても、地域医療構想と働き方改革を名目に、病院を再編し、医療体制を集約化して医師数は増やさない方針で、このままでは、医師の偏在と医師・看護師の負担増による現場の疲弊が進むことは避けられません。

そもそも、日本の医師数は、人口１０００人当たりでみると２・５人で、ＯＥＣＤ（経済開発協力機構）加盟国のうちデータのある29か国中の26位であり、不足が顕著です（２０１８年。**図表Ⅰ-1**。OECD Health Statistics 2020）。人手不足は長時間労働を招きます。厚生労働省の「医師の働き方改革に関する検討会」では、過労死ラインの月平均80時間を超える時間外労働（休日労働を含む）をしている勤務医が約8万人にのぼるとされています。

看護師についても、日本の入院患者1人あたりの看護師数は0・86人で、ドイツ（1・61人）、フランス（1・75人）、イギリス（3・08人）、アメリカ（4・19人）など欧米諸国の2分の1から5分の1の水準にすぎません（2018年。OECD前出）。長時間・過密労働・低処遇の中、年間10人に1人の看護師が辞めており、現場では深刻な看護師不足が続いています。

④公的・公立病院の統廃合と再編リストの公表

国の病院・病床削減のターゲットにされたのは、公立・公的病院です。

国（厚生労働省）は、2019年9月、手術件数などの「診療実績が少ない」と「類似かつ近接」という2つの基準に該当する424の病院（公立257、公的167）の名称を公表し、病院の統合や診療科の縮小、入院ベッドの削減など、地域医療構想の具体的方針を1年以内に見直すよう求めました。名指しされた病院の7割は地方の中小病院ですが、医師偏在や看護師不足など診療体制の不備から診療実績が少ないことが考慮されていないなど、機械的、恣意的な基準設定に批判が続出しました。こうした批判を受け、厚生労働省は、2020年1月に、再検証結果を発表、7病院を対象から外し、新たに約20病院を追加しました（病院名は公表せず）。

再編・統合の検討対象となっている公立・公的病院のうち、現時点で、146施設が新型コロナの患者を受け入れているとされています（２０２１年２月の衆議院予算委員会での田村憲久厚生労働大臣の答弁）。しかし、国（厚生労働省）は、対象病院の統廃合の議論を進める方針は変更していません。

(2) 公衆衛生と保健所機能の弱体化

公衆衛生は、疾病の予防、感染症対策、地域保健などからなり、新型コロナのパンデミックのような伝染病流行時には、感染者を隔離し感染の拡大を防ぐための予防と対策が、その重要な役割となります。しかし、歴代自民党政権の公費抑制策のもと、公衆衛生予算は削減され、それを担う保健所も「行政の効率化」の名目で削減されてきました。

保健所は、憲法25条２項に規定された「公衆衛生の向上及び増進」を担う公的機関として、現行法では、都道府県、政令指定都市、中核市、東京23区などが設置します。公衆衛生は公的責任で担うという趣旨のもと、国が補助を行ってきましたが、その公費負担を削減する目的で、保健所の削減が行われてきたのです。とくに、１９９４年に保健所法が地域保健法に改められ、担当地域が広がり、統廃合が進められた結果、保健所の数は、２０２０年には全国で４６９か所となり、１９９４年の８４７から激減しています（図表Ⅰ－２）。保健所職員数も、１９９０年の３万４５７１人から２０１６年の２万８１５９人へと削減され、中でも目立っているのが検査技師の削減で、１９９０年の１６１３人から２０１６年の７４６人と半分以下に削減されています（国立社会保障・人口問

図表Ⅰ－2　保健所数の推移

[01]

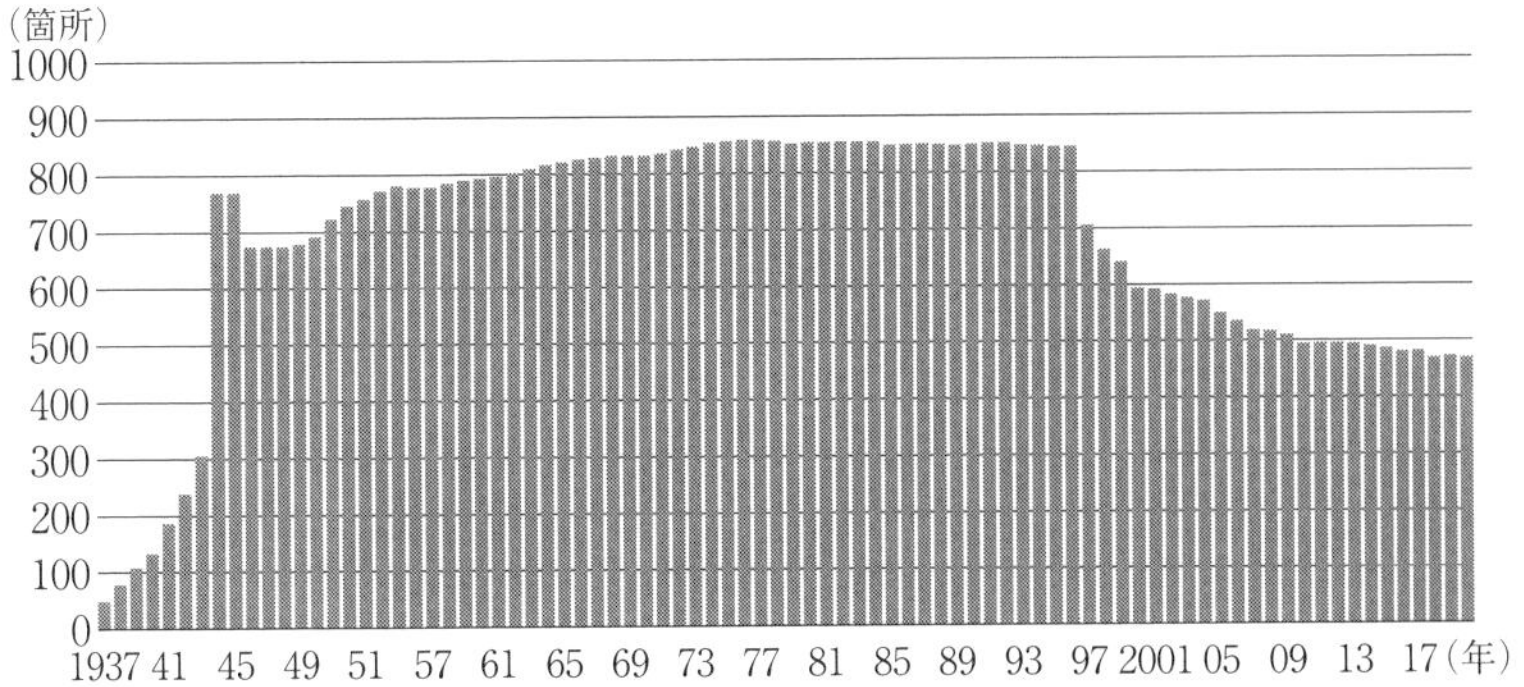

[02]

西　暦	都道府県（47）	指定都市（20）	中核市（60）	政令市（5）	特別区（23）	合　計
1994	625	124	0	45	53	847
1997	525	101	26	15	39	706
2000	460	70	27	11	26	594
2006	396	73	36	7	23	535
2020	355	26	60	5	23	469
2020－1994	▲270	▲98	＋60	▲40	▲30	▲378

出所：2020年4月25日に、日本記者クラブで行われた全国保健所長会の会見「『新型コロナウイルス』（14）保健所の現状」の資料（1）より抜粋。

題研究所「社会保障統計年報」による）。

新型コロナの感染を判別するPCR検査（ポリメラーゼ連鎖反応検査）を担う検査（行政検査）機関である地方衛生研究所は、都道府県と政令指定都市に82か所設置されていますが（２０１７年現在）、具体的な法律上の根拠規定を欠いており、予算・人員ともに抑制が続いています。今回の新型コロナの感染拡大に際して、保健所と地方衛生研究所は、日常業務に新型コロナの対応業務を上乗せさせられた形で、これでは、とてもPCR検査をはじめとする膨大な業務を担えるはずもありません。同時に、感染症対策やワクチン開発などで重要な役割を果たしてきた国立感染症研究所は、研究者数も予算額もともに減らされ続けてきました。

すでに、厚生労働省の「新型インフルエンザ対策総括会議報告書」（2010年6月）では、地方自治体の保健所などの「感染症対策に関わる危機管理を専門に担う組織や人員体制の大幅な強化、人材の育成」を進めること、地方衛生研究所の法的位置づけと検査体制の強化を提言していましたが、国は、検査設備や人工呼吸器のような機材の確保、それを使いこなせる検査技師、専門医の育成を怠り、それどころか数を減らしてきたのです。

(3) 医療崩壊の様相と医療機関の苦悩

ついで、新型コロナの感染拡大による医療崩壊の様相を改めて振り返っておきましょう。

新型コロナウイルス感染症は、感染症の予防及び感染症の患者に対する医療に関する法律（以下「感染症法」といいます）において、従来は指定感染症とされ、結核などの二類感染症相当に位置づけられ、法律上、感染者は無症状であっても入院が義務付けられていましたが、2021年の改正で、新型インフルエンザ等感染症とされ、無症状や軽症の人については、宿泊療養施設や自宅での療養が法定化され可能となりました。

しかし、感染者に必要な医療を提供し感染症の蔓延を防止するという感染症法の趣旨からすれば、また、とくに、新型コロナ感染症の場合、無症状や軽症の人でも容体が急変し死に至ることが判明していることからすれば、少なくとも、感染者は医師・看護師が常駐する宿泊療養施設での療養とすべきで、自宅療養は例外的にやむを得ない場合に限定すべきです。そして、例外として自宅療養を認める場合も、厳格な感染防止対策をとり、医師等による経過観察が可能な体制であることが前提となります。WHO（世界保健機関）の「在宅療養に関する基本的指針」（2020年3月17日）では、感染患者をよく換気された個室に入れ家族は別室とすること、介護者は慢性疾患等がない健康な人ひとりを割り当てること、医療提供者および公衆衛生担当者それぞれとの連絡網を確立すること、など何十項目にもわたる基準が示されていますが、これらを遵守するのは、日本の狭い居住環境や高齢者の一人暮らしが多い都市部では不可能に近いでしょう。にもかかわらず、病床や宿泊療養施設の不足で、こうした前提基準を満たさない自宅療養が大半を占めました。これでは家族内での感染拡大は防げないし、自宅療養中の容体急変にも対応できないのは自明でしょう。実際、感染者の感染経路で最も多いのは家庭内感染となっています。

また、厚生労働省の「自宅療養時の感染管理対策」（2020年4月2日）では（それ自体、前述のWHOの基準からすればかなり緩いのですが）、無症状や軽症であっても、高齢者や基礎疾患のある人（糖尿病、心疾患または呼吸器疾患を有する人、透析加療中の人など）、免疫抑制状態にある人（抗がん剤などを用いている人）、妊娠している人については、入院措置が必要とされています。しかし、第3波の感染拡大がピークに達した2021年1月には、病床不足の中、基礎疾患を抱えた高齢者ですら、不安をかかえながら自宅療養を余儀なくされる事態となりました。自宅療養中の人には、保健所の職員が定期的な健康観察を行うこととなっていましたが、保健所業務も逼迫し、十分な健康観察ができず、自宅療養中や入院調整中の自宅待機中に容体が急変し死亡する人が続出、その数は、２０２１年２月末までで、全国で２００人を超え、２０２１年１月だけで１３２人もの人が亡くなっています。適切な医療が提供されれば救えたはずの命が救えず、医療すらも提供されずに、事実上放置されている状態は「医療崩壊」にほかなりません。新型コロナによる死者数も、２０２１年1月23日に累計者数が５０００人を超えてから２か月余りで９０００人を超え、４月末には１万人を超えました。

病床の不足とともに、病院内での感染をおそれ、外来患者を中心に深刻な受診抑制が生じ、経営が悪化し、閉院や休業、従業員の解雇を検討する医療機関が増大しました。日本病院会など３団体の調査では、コロナ患者を受け入れた病院の２０２０年４月の利益率は、マイナス11・８％、１病院あたり平均で月１億円の赤字となり、経営難を理由に、医師や看護師への賞与などを減額する医療機関が続出しました。新型コロナの感染患者の治療に力をつくしている医療従事者が、給与削減やボーナスカットに遭遇する事態が生じたのです。

(4) コロナ禍による医療崩壊への対応とその限界

① 一般病床のコロナ感染症病床への転換は可能か

こうした医療崩壊ともいえる事態に対して、菅政権は、新型コロナウイルス感染症緊急包括支援金を創設し、感染症病床の不足に対応するため、一般病床を感染症病床に転換することを進め、感染症病床を増やすと1床当たり最大1950万円の補助金を病院に支給しています。ただし、現在の支援は、コロナ対応の一部病棟などに限られ、それ以外の医療機関への減収補塡はいまだになされていません。

各医療機関などで実施されている感染症対策を評価する特例的な対応として、診療報酬で医科と歯科の初診・再診について1回あたり5点（1点＝10円）、入院は1日当たり10点、調剤は1回当たり4点が算定できることとなりましたが、とても十分とはいえません。また、国や都道府県が、民間の医療機関に対して新型コロナなどの病床確保への協力を勧告できる仕組みとして、「正当な理由」がなくそれに応じない場合には、医療機関名を公表するという感染症法の改正が行われました（2021年2月13日施行）。

しかし、本来、感染症病床は、病棟内の空気が外部に漏れないように、病棟全体の陰圧空調などの専門構造を持つ必要があります。現在、感染症病床をもつ病院の80％以上が公的・公立病院であり、民間病院は20％程度にすぎません。病床転換に応じない医療機関名を公表するという一種のペナルティを背景に、民間病院の一般病床を感染症病床に転換させようということなのでしょうが、感染症対応の施設の構造・スペースをもたず、消毒と防護服だけの対応であれば、医療従事者や他の患者にかえって感染を広げる危険性があります。

そもそも、一般病床をコロナ感染症の病床に転換するだけであれば、全体の病床数は増加したことにはなりません。政府やマスコミは、日本の病床数は諸外国に比べ多いと宣伝していますが、諸外国では病床に含めていない長期療養の病床もカウントしているため、日本の実際の病床数はそれほど多いわけではありません。

公立・公的病院も民間病院も病床利用率は平均して75％近いのです（全国公私病院連盟「病院運営実態分析調査概要」による）。通常の民間病院であれば、最低90％ぐらいの病床利用率を維持しないと利益が出ないとされています。つまり、日本の医療機関、とくに民間病院は定員ぎりぎりの入院患者を受け入れることで採算をとってきたわけです。したがって、一般病床を増やさずにコロナ感染用に転換すれば、今度は一般病床が逼迫し、通常医療が提供できなくなります。

②コロナ禍での病床削減

前述したように、歴代自民党政権のもと、病床数の削減を中心とした医療費抑制政策が続けられ、病床削減と保健所など公衆衛生体制の脆弱化が、新型コロナの感染拡大による医療崩壊につながったといえます。なかでも公立病院は、統廃合が進められ、国際的にみても少ない公立病院（日本では民間病院の割合が全体の8割を占め、他国に比べ突出して高くなっています）がさらに減少しています。先の医療機関名の公開などの制裁は、医療崩壊を招いた政権の失策の責任を医療機関の責任に転嫁しようとするものにほかなりません。

そして、コロナ禍の現在も、病床削減は粛々と行われています。２０１９年11月から２０２０年11月でみても、全国で2万１３５０床も削減されています（厚生労働省「医療施設動態調査」による）。療養病床の削減が大きいのですが、療養病床は、従来から急性期病床の後方支援の役割を果たしており、その削減は病床の逼迫の一因となっています。

一般病床の感染症病床への転換が難しい現状であれば、臨時に感染症病床を増やすしかありません。実際、諸外国では、感染症の病床が不足している状況を踏まえ、臨時に感染症病床を設営し病床を確保しています。著名な例では、新型コロナの感染拡大の初期段階で、中国の武漢では、１０００人の患者を受け入れ可能な臨時病院を設立しました。アメリカでも、最大３４１の臨時病院を建設、日本の建築技術では、武漢のような臨時病院は10日間で建設できるとされています。療養施設についても、東京圏では使われていないオリンピック施設を利用できるはずです。緊急事態措置には、医療施設・医療資源の確保に関する強制措置も含まれるのに、菅政権は、そうした医療提供体制の強化策をとろうとしていません。

③感染症法等の罰則規定の問題点

一方、前述の感染症法の改正により、新型コロナの感染者が入院拒否や入院先から逃げた場合は、50万円以下の過料が科され、保健所の疫学調査を正当な理由なく拒否した場合には、30万円以下の過料が科されることになりました。行政罰（過料）とはいえ罰則規定が設けられたことには問題があります（当初案では、刑事罰である罰金・懲役刑まで課すとされていました！）。罰則をきらい、感染者やその家族が感染を隠蔽し、逆に感染が拡大していく危険性が高いからです。日本医学会連合の声明（2021年1月14日）など、多くの医療・公衆衛生関係者が同様の指摘をし、罰則規定に反対や懸念を表明しています。患者との信頼関係を築くことができなくなり、罰則をおそれ検査結果を隠す人が増え、感染コントロールが困難となるというのが、医療・公衆衛生関係者の共通した懸念といってよいでしょう。

罰則規定を設けるよりも、入院先が見つからず自宅療養中に亡くなる人が続出している現状を改善する方が先決のはずですが、菅政権は、医療提供体制の脆弱化をまねいた失策の責任を国民の自己責任に転嫁しようとしている（罰則規定によって、そうした失策への批判の目をそらそうとしている）といってよいでしょう。

現在ですら、検査体制の不備から、人々の間に感染への不安と恐怖が拡大し、感染者のみならず医療関係者やその家族への差別や偏見が生じています。今回の罰則規定は、そうした感染者への偏見や差別を助長することになりかねず、疑心暗鬼から感染の疑いがある人を密告する行動にはしる人も出てくる懸念もあります。

　感染症法には、前文において、ハンセン病患者の強制隔離政策による人権侵害の歴史を踏まえた「患者の人権の尊重」がうたわれています。感染症患者は良質かつ適切な医療を受ける権利を有しているのであって、感染症患者を規制や罰則の対象とすることは感染症法の趣旨に反します。日本公衆衛生看護学会も声明（2021年1月26日）で、結核やハンセン病など過去の感染症対策の反省と感染症法の制定に至った歴史的経緯を踏まえれば、罰則規定には倫理的問題があり、感染拡大を適切に予防するには、患者への相談支援、療養体制の強化が求められるとしています。また、日本弁護士連合会（日弁連）も、会長声明（2021年1月22日）で、基本的人権の擁護が欠けていると し、感染症法の改正に「抜本的な見直しがなされない限り、強く反対する」としています。そもそも、政権は、入院拒否によって感染が拡大した証拠を示すことができておらず、感染症法の改正の立法事実は存在していません。

④新型コロナ・ワクチンとその課題

　菅政権が、新型コロナ対策の切り札と位置づけているのが、ワクチン接種です。しかし、これも、すでに2020年から、医療従事者のみならず一般の人へのワクチン接種がはじまっていたアメリカやイギリスなどに比べ、日本はG7諸国の中で接種開始が一番遅れました。ようやく、ファイザー社のワクチンが、2020年2月14日に特例承認され、同月17日より、医療従事者に対して先行接種がはじまりました。2021年2月中旬から、医療従事者約480万人に対して先行接種がはじまり、4月から、65歳以上の高齢者約3600万人、ついで基礎疾患のある人約1030万人や高齢者施設等の従事者約200万人、60～64歳約750万人へ段階的に接種し、一般の国民への接種も6月からはじまりました。

とはいえ、今回のワクチンには安全性の問題があります。通常のワクチンは、抗原（ウイルス）に対して、それを攻撃する抗体を事前に創り出し、ウイルス感染を予防するというものですが、日本で接種開始されているファイザー社のワクチンは、ウイルス由来の遺伝子（mRNA）を入れ、体内で抗原を作らせ、抗体を誘発する「新型バイオワクチン」であり、これまでに前例がありません。ワクチンが人体の免疫システムに介入することで、そのシステムに大きな異変が生じれば、アレルギーやアナフィラキシーショックにとどまらず、自律神経や内分泌系にも影響が広がる危険が指摘されています。[*1] 2021年6月現在で、すでに、ワクチン接種後、300人以上の人が亡くなっているのですが、政府は原因の分析を十分していません。

(5) 医療政策の課題

①短期的な課題

以上の現状を踏まえ、医療政策の短期的、長期的な課題を提示します。

短期的には、感染症病床や宿泊療養施設を増やし、新型コロナ感染者の自宅療養を当面はゼロにすることが求められます。緊急事態宣言が解除された現時点では、感染者数の減少で、病床の逼迫は緩和されてきていますが、検査体制の不備のため、隠れた感染者が多数いると推察され、さらに変異株の流行によって、今後、感染拡大の第4波がくる可能性が高く、再び病床が逼迫することが考えられます。それまでに、必要な病床や療養施設を確保する必要があります。とくに重症患者の集中が予想される感染症指定医療機関に対しては、国が物的・人的支援を強化し、軽症者については、容体が急変することもあることを考慮し、医師・看護師が常駐する施設での療養を原則とするべきです。介護施設で感染者が出た場合も、施設内でみるのではなく、速やかに入院させる措置をとる必要があります。

第2に、院内感染を防ぐため、医療従事者・入院患者に定期的な検査を全額国庫負担で実施すべきだと考えます。独自の負担で、こうした定期検査を行っている自治体もありますが、まだ少数にとどまっています。前述のように、医療従事者にはワクチンの先行接種が始まっているものの、ワクチン接種にはいまだに未知の問題が残ることを考えるならば、ワクチン頼みではなく、同時並行で感染症対策のための定期検査を進めていく必要があります。

第3に、コロナ対応をしていない診療所など医療機関に対しても、感染者が発生した場合の損失、および外来患者などの減少に伴う減収を補償すべきです。同時に、医療従事者や介護従事者が新型コロナに感染した場合には、労災適用だけでなく、独自の補償制度を設ける必要があります。

②長期的な課題

長期的には、病床削減を中心とした医療費抑制政策の転換が不可欠です。具体的には、地域医療の実態を無視した、病床の機械的な削減をさせないため、現在の地域医療構想を見直し、自治体レベルで、地域医療構想に医療機関や住民の意見を十分に反映させることが必要です。地域医療構想の実現を協議する場として「地域医療構想調整会議」が位置づけられていますが、同会議を形骸化させない取り組み、また医療・介護関係者が中心となって、どのような医療需要があり、どの程度の病床が必要かを具体的に提言していく取り組みが重要となります。そもそも、稼働していない病床が多数存在しているのは、病床自体が過剰というより、必要な医師・看護師が確保されないことに原因があるとの指摘もあります。まずは医師・看護師の確保を図る施策が求められます。

２０１５年６月には、政府の内閣官房の専門調査会が、２０２５年に必要な医療機関の入院病床数は１１５万から１１９万床で、30万人程度の患者を介護施設や在宅医療に移行させることで、高齢化で必要と見込まれる同時点の１５２万床の２割以上に当たる33～37万床を削減できるとの報告書をまとめています。現在の１３４万７０００床（２０１３年時点）からも、さらに病床を削減するという、きわめて強硬な「患者追い出し」による医療費削減策であり、早急に、それに対抗する提言作りの運動が求められます。その前提として、各自治体は、病床削減を進めることを目的とした地域医療構想はいったん凍結し、抜本的な見直しをはかる必要があります。

厚生労働省は、公立・公的病院の統廃合・再編は予定どおり進めていく姿勢を崩していません。東京都も都立病院の独立法人化を進めようとしています。とくに、公立病院については「公立病院改革ガイドライン」により、公立病院の改革プランと地域医療構想の調整会議の合意事項との齟齬が生じた場合には、公立病院の改革プランを修正することとされています（地域医療構想優先主義）。その意味で、まずは地域医療構想の抜本的な見直しを行ったうえで、感染症対策を強化するためにも、公立・公的病院の再編・統合リストは撤回し（感染症対応など不採算部門、過疎地域の医療提供などを担っているがゆえに）、経営の苦しい公立病院への公費投入をはかり、むしろ公立・公的病院の増設をはかっていくべきと考えます。医療提供体制のみならず、保健所など公衆衛生体制の拡充のために数兆円規模の公費投入が求められます。

3　コロナ禍で明らかになった介護政策の問題点と課題

(1)　介護保険制度改革と深刻な人手不足

①介護保険制度改革の特徴

医療分野以上に、厳しい給付抑制策がとられ、コロナ禍で深刻な事態に直面しているのが介護分野です。

「介護の社会化」を理念に、介護保険制度が２０００年4月からはじまり21年が経過しますが、この間は給付抑制の連続でした。介護保険は、介護保険料と給付費が直接に結びつく仕組みであり、介護保険施設や高齢者のサービス利用が増え、また介護職員の待遇を改善するため、介護保険施設や事業者に支払われる介護報酬を引き上げると、介護費用が増大し、介護保険料の引き上げにつながります。介護報酬単価の引き上げは、1割の利用者負担の増大にもはねかえります。しかし、現在の介護保険の第1号被保険者の保険料は、定額保険料を基本とし、逆進性が強いうえに、月額1万5000円以上の年金受給者から年金天引きで保険料を徴収する仕組みのため、保険料の引き上げを抑えるべく給付抑制へと向かわざるを得ない仕組みです。また、介護分野では、医療分野の日本医師会のような強力な圧力団体がなく、当事者団体も脆弱なことから、制度見直しのたびに、徹底した介護給付費の抑制と利用者負担増が進められ、介護現場の疲弊が進んでいます。

介護保険法は、予防重視を標榜し、新予防給付を導入するなどの大幅改正となった2005年の法改正からはじまって、3年ごとの介護報酬改定に合わせる形で頻繁に改正が繰り返されてきました。とくに、近年の改革では、介護保険法単独ではなく、医療法の改正などとともに一括法案の形で国会に法案が提出され、重要な改正が断行されている点に特徴があります。2014年の改正では、要支援者の訪問介護・通所介護を保険給付から外し市町村事業に移行、特別養護老人ホームの入所者を要介護3以上に限定、一定所得者について利用者負担を2割負担とするなどの改革が実施されました。また、2017年の改正では、現役並み所得者について利用者負担を3割とするなどの改革が行われました。

図表Ⅰ－３　老人福祉・介護事業の年次推移

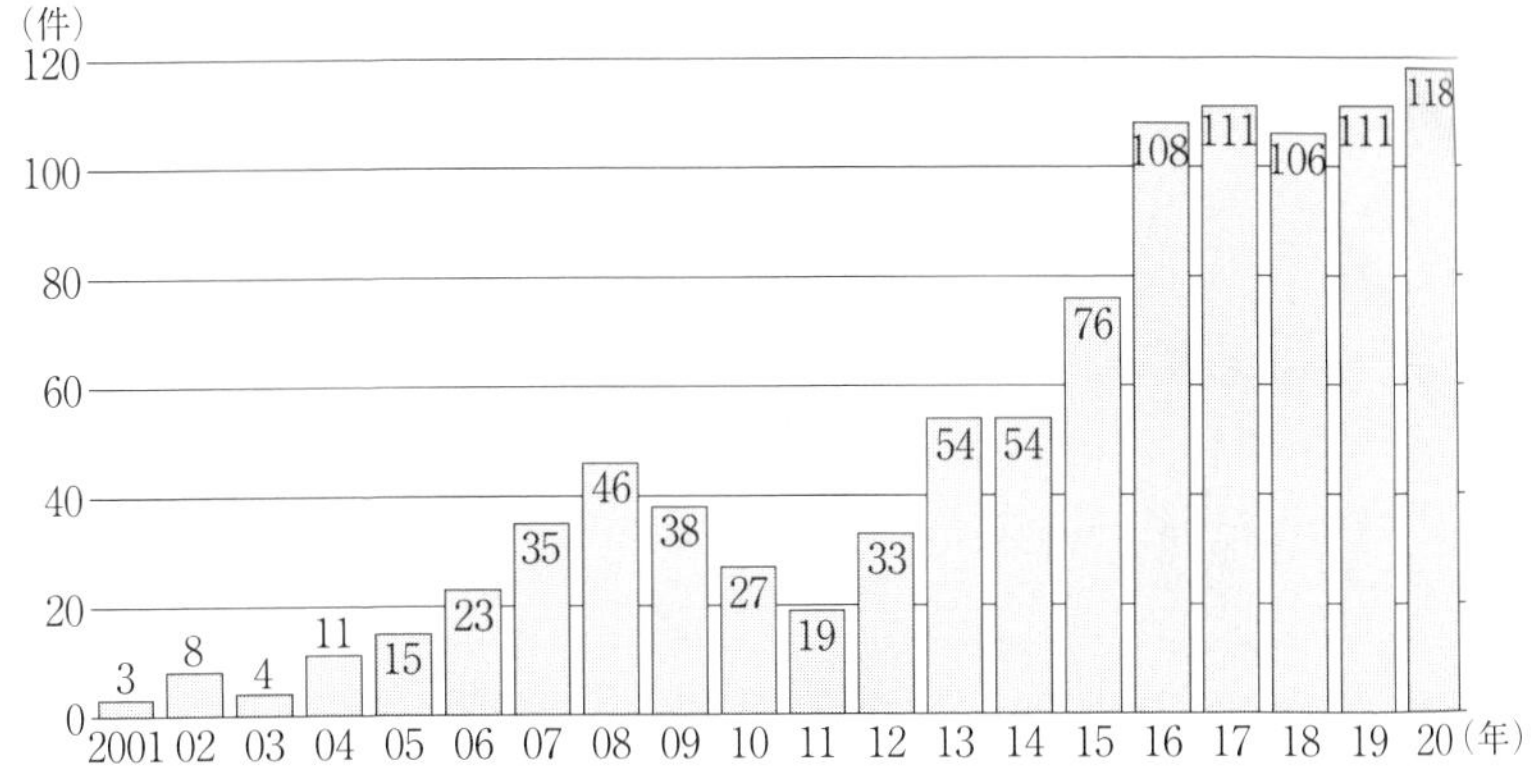

出所：東京商工リサーチ「2020年『老人福祉・介護事業』の倒産状況」。

一括法案による法改正は、わずかな審議時間で法案が成立し、しかも細かな内容は政省令に委ねられる形で重要な改正が行われており、国会審議の形骸化を招いています。

②引き下げ連続の介護報酬

３年ごとに改定される介護報酬も、２０１８年の改定まで６回の改定のうち、３回はマイナス改定であり（介護報酬に処遇改善加算を組み入れ、実質的にマイナス改定となった２０１２年の改定を入れると４回）、抑制ぶりが顕著です。介護保険がはじまってから21年間で、基本報酬は平均で20％以上も下がり続けています。その影響で、２０２０年の介護事業者の倒産は１１８件と、介護保険法が施行された２０００年以降、過去最多を記録しました（図表Ⅰ－３）、従業員数５人未満の零細事業者の倒産が目立ち全体の66・９％を占めています。サービス種類別にみると、後述のように、訪問介護員（ホームヘルパー）

の深刻な不足に見舞われている「訪問介護事業」の倒産が最多で、全体の半分近くを占めています（東京商工リサーチ調べ）。

介護報酬の引き下げは、介護現場で働く介護職員の賃金の抑制をもたらしています。厚生労働省の「賃金構造基本統計調査」によると、2016年の介護職員の所定内平均賃金（月給の者。施設長のうち事業所管理者を除く）は、22万8300円（前年比4800円増）で、全産業平均の33万3700円より約10万円低く、2004年度の21万2200円（2005年発表の同調査結果）から1万円程度しか上がっていません。同省は、2009年度から2015年度までの4回の介護報酬の改定により、合計4万3000円（月額）引き上げ効果があったと説明しています。また、2017年には、介護職員の給与を月平均1万円程度引き上げる処遇改善加算を新設した臨時の報酬改定が行われました。しかし、2015年度の介護報酬実態調査では、手当や一時金を除くと、基本給の増額は月額2950円にとどまり、過去4回の改定でも、基本給は合計で月額1万3000円増えたにとどまります。これは、特別の加算を設けても、加算を算定できる事業者は限られていること、基本報酬本体が削減されているため、介護職員の基本給の引き上げにまで回っていないことによります。また、介護現場で多くの割合を占める非正規・パート労働者の賃金は、制度開始の2000年以降、ほとんど横ばいで上がっていません。

③人手不足の深刻化

介護職員の賃金の抑制は、当然の帰結として介護現場の深刻な人手不足を加速し、介護現場の労働を過酷なものとし、介護職員を疲弊させ働き続けることを困難にしています。職員間の引き継ぎも十分できない状態にあり、特別養護老人ホームで月に6～7回の夜勤をこなす介護職員も珍しくなく、健康を害する介護職員も増大しています。介護現場では、慢性的な人手不足への応急的な対応として、人材派遣・紹介会社を利用する施設が増え、人材派遣による介護が常態化しつつあります。そのため、派遣会社等に支払う派遣料が事業者の経営を圧迫するという事態が生じています。

介護の仕事は、ある程度の経験と技能の蓄積が必要ですが、必要な経験を積む前に多くの職員が仕事を辞めてしまっており、介護の専門性の劣化が進んでいます。すでに学生が集まらずに廃校に至った介護福祉士養成学校もあり、養成の基盤の毀損も回復困難な程度に達しています。経験を積んだ介護職員の減少は介護の質の低下をもたらし、介護事故も増大しています。

なかでも、人手不足が深刻なのは、在宅介護の要である訪問介護員（ホームヘルパー。以下「ヘルパー」といいます）です。ヘルパーの年齢構成は60歳以上が多くを占め、高齢化が進んでいます。全国的に30代、40代のヘルパーのなり手がなく、現状のままでは、10年もたたないうちに、ヘルパーは枯渇していく可能性があります。ヘルパーの有効求人倍率は、２０１９年の平均で、全産業平均の約15倍と（厚生労働省集計）、異常な水準に達しています。こうした現状を放置している国の無策に、２０１９年11月1日には、訪問介護を担っているヘルパー3人が、介護報酬の引き下げが続く中、労働基準法違反の状態に置かれているのは国の責任として、国家賠償請求を提訴しています。[*2]

(2) 介護崩壊の様相

①在宅サービスの惨状

以上のような深刻な人手不足に陥り、医療に比べて制度基盤が脆弱で、すでに制度崩壊の危機にあった介護保険は、新型コロナの直撃で、介護崩壊ともいうべき深刻な事態に見舞われました。

在宅サービス事業では、いくつかの通所介護（デイサービス）で集団感染が発生し、もともとの人手不足もあり、感染発生の事業所は休止に追い込まれました。厚生労働省は、通所介護事業所が休業した場合、ケアプランをつくる居宅介護支援事業所を中心に、訪問介護などの代替サービスを検討・提供するよう通知で求めましたが、代替しようにも、どの訪問介護事業所もヘルパーが不足し対応しきれませんでした。訪問介護について、厚生労働省は、利用者に発熱等の症状があっても感染防止対策を取り「必要なサービスが継続的に提供されることが重要」と通知しましたが、現場ではマスクや消毒液が不足し、感染リスクが高まりました（前述のように、ヘルパー自身に高齢者が多く、感染すると重症化しやすいのです）。

前述のように、２０２１年1月には、感染拡大により医療崩壊の状況が生じ、新型コロナに感染しつつも、自宅療養を余儀なくされる人が激増しました。これに伴い、厚生労働省は、自宅療養中の要介護の感染者への訪問介護サービスの継続を求める通知を全国の介護事業者に発出しました

（2021年2月5日）。通知では、感染者の訪問介護に出向いた場合、職員の割り増し分の賃金などの助成を受けることができ、人繰りの関係で対応が難しい場合などには、ケアマネジャーと相談し、別の事業所を手配するよう求めています。しかし、ヘルパーに対してPCR検査も、感染対策も十分なされないまま、感染者に対するケアを強いるもので、現場から批判や憤りが噴出しました。

在宅の一人暮らしの高齢者や老老介護の世帯、認知症のある高齢者の世帯では、サービスの中止や外出自粛で、状態の悪化、認知症の進行、身体機能の衰えが起きています。家族介護者の負担が増大し、虐待も増えています。在宅事業者の側も、利用者の減少で、収入が激減、小さな事業所は閉鎖が相次いでいます。新型コロナの収束が長引けば、さらなる廃業や倒産が増え、在宅の介護サービス基盤は完全に崩壊するでしょう。

②クラスター相次ぐ高齢者施設

高齢者施設も深刻です。厚生労働省の2021年3月1日時点でのまとめでは、累計のクラスター（感染者集団）の発生件数は、高齢者施設が1089件で最も多く、飲食店が972件、医療機関が920件となっています。高齢者施設は2020年10月26日時点で、215件だったのが5倍に跳ね上がっています。特別養護老人ホームなど高齢者施設の入所者への感染は死亡リスクを高め、死亡者の多くを占めるに至っています。

2021年4月からの第4波では、病床の不足で、感染しても入院できずに老健施設など施設内で隔離しケアを余儀なくされる要介護者が増大しました。ケアにあたる職員は少ない人手で、防護服も十分とはいえない中、極度の緊張を強いられ、入所のまま死亡する人も続出しました。

感染していない入所者も、外出、家族を含め施設外の人との面会が原則禁止となり、在宅の高齢者と同様、認知症の進行や身体機能の衰えが目立ちはじめています。

⑶ コロナ禍による介護崩壊への対応とその限界

政府は、2020年度の1次補正予算で「新型コロナウイルス感染症にかかる介護サービス事業所等に対するサービス継続支援事業」を創設し、休業要請や感染者の発生によって生じた介護事業者の損失やコストを補塡する仕組みを導入しました。

ついで、2020年度の2次補正予算では「新型コロナウイルス感染症緊急包括支援交付金（介護分）」を拡充し、①感染症対策に要する物品購入、外部専門家による研修実施、感染症対策実施のためのかかりまし費用の支援、②新型コロナ感染症が発生または濃厚接触者に対応した介護施設・事業所に勤務し、利用者と接する職員に対して慰労金（20万円）の支給、それ以外の介護施設・事業所に勤務し利用者と接する職員に対して慰労金（5万円）の支給、③ケアマネジャーや介護サービス事業所によるサービス利用休止中の利用者への利用再開支援などの施策が盛り込まれました。

また、介護報酬の臨時的取り扱いとして、通所介護など通所系サービスにおいて、月ごとに定められた回数について、提供したサービス時間の区分に対応した報酬区分の2区分上位の報酬区分を算定できることとされました。ただし、この取り扱いは、利用者の自己負担の増大を伴うため同意を得ることが難しく、現場では使い勝手がよくないのが現状です（この措置は、２０２１年報酬改定を機に廃止されました）。

さらに、政府の分科会は、２０２１年２月２日の「提言」で、高齢者施設の職員への定期的な検査の支援を提起し、同日改定された基本的対処方針では、特定都道府県に対し、感染多発地域の高齢者施設の従業員等の検査の集中実施計画を策定し、３月末までに「少なくとも１回以上の検査」を求めました。しかし、政府の方針は、検査の頻度や対象が明確ではなく、通所施設や新規入所者を含めるかも自治体任せのため、自治体間の格差が大きく、積極的な検査を実施しているのは、東京都世田谷区など少数の自治体にとどまっています。

こうしたコロナ禍の中、２０２１年４月から介護報酬が改定されました。改定率は０・７％のプラス改定で、２０１８年度の改定率（０・54％プラス）を上回りました。改定率０・７％のうち０・05％は、新型コロナに対応するための感染症対策の経費が必要となることを想定し、全サービスの基本報酬を０・１％上乗せするための原資に充てられます。

しかし、１％に満たない基本報酬のプラス改定で、現在の深刻な人手不足の解消はとうてい不可能でしょう。しかも、すべての事業者の収入が一律に０・７％引き上げられるわけではなく、加算の上位区分や新設加算を算定できる事業者が増収となり、既存加算の下位区分の大半は報酬がダウンしているため（たとえば、サービス提供体制強化加算では、介護福祉士の割合40％以上を要件とする旧加算Ⅰロは新加算Ⅲとされ、報酬は半分に引き下げられています）、現状維持のままの事業者では大きな減収となります。

⑷　介護政策の課題

①短期的課題

コロナ禍による介護崩壊は深刻であり、短期的に次のような対策が緊急に必要と考えます。

第1に、検査体制の強化が急務です。クラスター（感染者集団）が高齢者施設で多発していること、高齢者施設での感染拡大が重症者・死亡者の増加につながっていることから、高齢者施設・在宅サービスの従事者および利用者に定期的な検査を全額国庫負担で実施すべきと考えます。独自の負担で、こうした定期検査を行っている自治体もありますが、まだ少数にとどまっています。1回程度の検査では不十分で、少なくとも、週1回程度の定期的な検査が必要でしょう。前述のように、医療従事者にはワクチンの先行接種が始まっているものの、高齢者施設や在宅サービスの従業員の接種は、高齢者のあととされており、接種の開始時期も未定のままであることを考えれば、高齢者施設の職員、在宅サービスの従事者への定期検査は早急に実施すべきです。

第2に、不足しているマスク、消毒液、フェイスシールド、防護服を国の責任で確保、製造し、介護施設・事業者に対して安定した供給ができる体制を構築すべきです。

第3に、介護施設・事業所に対して、感染者が発生した場合の減収、および利用者の減少に伴う損失を補償すべきです。介護報酬の大幅引き上げが必要であり、危険手当を支給できるような財政支援が必要です。とくに、ヘルパーや施設職員が感染者をケアする場合の特別の介護報酬の創設、人員配置基準の大幅な引き上げと潜在ヘルパー・介護福祉士の復帰など人員増員のための財政措置を行うべきです。同時に、介護従事者が新型コロナに感染した場合には、労災適用だけでなく、独自の補償制度を設ける必要があります。何よりも、つぎにみるように、介護保険の抜本的な制度改革が不可欠です。

②介護保険の抜本改革案

社会保険方式（すなわち介護保険方式）を維持するのであれば、介護保険料を所得に応じた定率負担にし、賦課上限を撤廃するなどの抜本改革が必要です。そのうえで、住民税非課税の被保険者については介護保険料を免除とすべきです。そもそも、住民税も課税されないような低所得の人から保険料を徴収すべきではありません。実際、ドイツの介護保険では、保険料は所得の2％程度の定率負担になっています。

同時に、コンピューター判定と身体的自立度に偏向した現在の要介護認定を廃止し、医師や介護職を構成員とする判定会議による認定の仕組みに改める必要があります。ドイツでは、認知症高齢者の増大にともない、介護保険の要介護認定の抜本的見直しを行い、認知症高齢者の独自の基準を設定しています。認知症高齢者の増大が続いている日本でも、要介護認定の見直しが検討されてしかるべきでしょう。

介護人材の確保については、人員配置基準を引き上げたうえで、介護報酬とは別枠で、介護職員だけでなく看護職員や事務職員も対象とした公費負担による処遇改善交付金を創設すべきと考えます。なかでも、人材不足が深刻なヘルパーについては、訪問介護部門を介護報酬の仕組みから切り離し、介護保険制度創設前のように、市町村の直営・委託で行う方式にして、公務員化するべきでしょう。同時に、施設建設費補助への国庫補助を復活させ、不足している特別養護老人ホームの増設を進めるべきと考えます。

加えて、家族介護者に対する現金給付を介護保険の給付として制度化すべきです。日本の介護保険は、サービスを利用したときの給付しかありませんが、ドイツでは、現金給付が制度化されており、現金給付とサービス給付とは選択でき、あるいは併用することも可能です（ただし、現金給付を選択した場合には支給額はサービス給付よりも低くなります）。現金給付だけを選択した場合でも、保険者である介護金庫は、適切な介護がなされているかを調査するため、介護等級に応じて、定期的にソーシャルステーションの職員を、現金給付受給者宅に派遣することが義務付けられています。さらに、家族介護を社会的に評価し、家族介護者と要介護者との間に就労関係を認め、自治体が介護者の労災保険料を全額負担することで、介護者が介護に基づく傷病に遭遇した場合には、労災の給付対象とする仕組みが導入されています。日本では、家族などの介護者に対する支援は、地域支援事業の中に位置づけられていますが、任意事業のため、自治体によってばらつきがあり、内容も介護者交流会の開催や相談などにとどまります。また、家族介護慰労金のように事業として存在していても、要件が厳格なため、ほとんど利用者がいないなど、さまざまな問題点があり、実効的な介護者支援は皆無といっても過言ではありません。

ドイツのような現金給付を導入すれば、家族介護者の労働の権利を保障することができるし、介護者の支援にもなります。そして、将来的には、社会保険方式から税方式への移行が不可避と考えます。

4　コロナ禍で明らかになった雇用政策の問題点と課題

⑴　コロナ禍での雇用危機

①進む雇用の劣化

1995年に、日経連（現在の経団連）が「新時代の『日本的経営』」を発表し、正社員を減らし非正規労働者に代替していくことを提唱して以降、財界・経営者団体の経営戦略に沿った形で、1990年代後半から2000年代前半にかけて、労働者派遣法の改正など労働法制の規制緩和が進められ、低賃金で不安定な就労形態の非正規労働者が急増しました。

期間の定めのない労働契約で直接雇用されているフルタイムの正規労働者（正社員）でない労働

者が、通常、非正規労働者といわれます。①期間の定めがある有期契約による労働者、②フルタイムではないパートタイム労働者（アルバイトも含む）、③企業に直接雇用されていない派遣労働者などが典型的な非正規労働者です。現在、その数は、２０１２万人に達し、全労働者の約４割を占め、女性では就業者の半分以上（２０１９年平均で56・０％）、若年層では男女を問わず、およそ半分が非正規労働者となっています（総務省「労働力調査」による）。先の日経連の提言があった１９９５年には、その比率は20％程度であったことから、20年間で非正規労働者の比率は約２倍になり、急速な非正規化が進んだことがわかります。

非正規化に加え、脆弱な最低賃金制度により、給与だけでは、生活保護の最低生活基準を保てない低収入世帯（いわゆる「ワーキングプア」世帯）も急増しています。年収２００万円以下で働く民間企業の労働者は、１９９５年には７９３万人でしたが、２００６年には１０００万人を突破し、２０１９年には約１１００万人まで増加しています（国税庁「民間給与実態調査統計」）。

②失業の状況

こうした雇用の劣化が進む中、新型コロナの感染拡大により、雇用状況が急速に悪化、雇用危機ともいうべき状況が生み出されました。

総務省の「労働力調査」をみると、コロナ禍では、飲食店などの休業や営業時間短縮の影響で、休業者の増大がみられます。休業者は、１回目の緊急事態宣言が出た２０２０年４月には、前年同月比420万人増の597万人にのぼり、リーマンショック直後のピーク時の153万人の約4倍と過去最多となりましたが、その後、減少に転じ、同年10月には180万人程度まで減りました。一方で、完全失業者数は、2021年1月で214万人、失業率は2・9%に達しました。また、雇用者数は、2020年3月から4月にかけて105万人も減少し、その後も対前年を各月で下回っています。とくに、海外からの観光客の激減（というより消滅）、飲食店の休業・廃業などの影響を受け、観光業、宿泊業、飲食業、娯楽業などで雇用者の減少が著しくなっています。

もっとも、全体として雇用者数は減少していますが、失業者数は漸増傾向にあるとはいえ、失業率が5%を超えて推移したリーマンショックの時の2009年に比べれば低い水準です。これは、感染への不安もあることから、転職しようにもできず、求職活動を断念した人が相当数いたことが理由と思われます（日本の失業統計では、失職しても求職活動をしない人は失業者にカウントされません）。実際、非労働力人口をみると、2020年4月には、前月よりも、94万人も急増しており、その後も、前年を上回って推移しています。こうした形で労働市場から撤退した人々は、求職活動をしていないため、雇用保険の給付対象から外れてしまいます。また、自身で事業等を営み、従業員を雇用せず、実店舗を持たない「フリーランス」と呼ばれる人々の場合は、そもそも雇用保険の対象外です。

③非正規雇用の現状、とくに女性の生活困難

前述のように、コロナ禍で大きな影響を受けたのは宿泊業や飲食業などのサービス業です。これらの職種は、リーマンショックのときには、「雇用の受け皿」として機能し、非正規雇用の女性や学生アルバイト、外国人労働者が多くを占めていました。同時に、これらの人々は雇用保険の加入が認められていないなど雇用保障制度が脆弱であり、失業や休業がただちに生活困窮につながります。コロナ禍は、これらの雇用保障が脆弱な人々を直撃しました。

なかでも、「雇用の調整弁」として真っ先に切られたのが、非正規雇用の労働者です。前述した雇用者数の激減は、非正規雇用の激減によるもので、2020年4月は、前月よりも131万人も減少しています。その後、減少幅は縮小しつつあるものの、2020年3月の2150万人の水準は回復していません。とくに、サービス業関連の女性の非正規雇用の人数が大幅に減少しています。野村総研の「コロナによる休業・シフト減のパート・アルバイト就業者の実態に関する調査」（2021年2月）によれば、女性の実質的失業者数は103・1万人にのぼると推計されています。

また、コロナ禍による外出自粛や学校・保育施設の閉鎖の影響で、母親労働者の家事労働やストレスが増大し、同時に、家庭内でも女性に対する暴力（DV）が増大しています。こうした女性の生活困難を背景に、2020年7月以降、女性の自殺が前年比4割増と急増しています（警察庁・月別自殺者数統計）。

派遣労働者の失職も増えています。派遣先の仕事がなくなった場合、派遣会社は、派遣労働者に

対して代わりの派遣先を紹介する義務があり、労働者派遣法では、代わりの派遣先は「労働者の能力、経験、居住地、就業場所、通勤時間、賃金等の以前の派遣契約の待遇を踏まえて合理的な範囲のものでなければならない」と定められていますが、現場では十分実践されていません。

さらに、勤務日があらかじめ確定されず、前月や前週に決められるという「シフト型労働」と呼ばれる働き方がアルバイトや介護現場の登録型ヘルパーなどでみられます。こうした人に対しても、コロナ禍による休業や時間短縮を理由に、使用者の一方的な都合でシフトを入れず、賃金未払いにしておいて、労働者の退職を促す手法も用いられています。急なシフトカットについては、就労者の期待権を侵害するものとして、平均的な労働時間分を休業とみなして、休業手当の支払いを義務付けるべきでしょう。

⑵ 雇用政策の展開と問題点

①雇用保険制度の改革

日本では、労働者の休業や失業等に伴う賃金の喪失に対応するための社会保険として、政府を保険者とする雇用保険が存在します。

雇用保険法は、経済社会状況の変化に対応し毎年のように改正が行われてきましたが、2000年代に入ると、構造改革路線（新自由主義政策）による雇用保険制度の見直しにより、失業者の雇用保険の受給割合が2割程度に落ち込み、失業時の所得保障制度としての機能が大きく低下しました。

まず、2000年の改正では、バブル崩壊後の経済不況下での失業率の上昇による雇用保険財政の悪化、少子高齢化の進展などを背景に、雇用保険料率の引き上げ、育児休業給付・介護休業給付の給付率の引き上げ、「特定受給資格者」（倒産・解雇等で離職した者で、離職前1年間に6か月の被保険者期間があれば失業等給付を受給できます）の創設などが行われました。ついで、2003年の改正では、自己都合退職などの離職理由と被保険者期間によって給付日数に大幅な格差が設けられ、短時間労働被保険者と一般被保険者の基本手当日額の算定方法が統合されたことで、給付日数の平均値が、ほぼ25％引き下げられました。2005年の改正では、定年や雇用期間の満了および自己都合退職者（後述する「特定理由離職者」に該当する者は除く）について、失業等給付の受給要件が、従来の離職前1年間で6か月の被保険者期間から離職前2年間で12か月の被保険者期間に変更されました。さらに、2007年の改正では、短時間労働被保険者の区分が廃止され一般被保険者に一本化され、雇用保険事業が2事業に整理されました。

2008年秋のリーマン・ショックにより、失業が急増する中、2009年に、派遣就労やパート労働者の資格所得要件について、これまでの1年以上の雇用見込みを必要としていたものから6か月に短縮、さらに31日以上に短縮する改正が行われました（2010年3月31日～）。同改正では、「特定理由離職者」（正当な理由のある自己都合退職者など、受給資格要件及び所定給付日数について「特定受給資格者」と同様の扱いを受ける者）の創設や給付日数の延長も行われ、雇用保険の適用範囲の拡大と給付の拡充が図られました。もっとも、失業時の給付要件が依然として厳しく、給付水準も十分とはいえませんでした。

②基本手当の給付制限の問題

雇用保険の失業等給付のうち基本手当については、①受給資格者が、公共職業安定所の紹介する職業に就くこと、または公共職業安定所長の指示した公共職業訓練等を受けることを拒んだとき、②再就職を促進するために必要な職業指導を受けることを拒んだとき、③被保険者が自己の責めに帰すべき重大な理由によって解雇され、または正当な理由なく自己の都合によって退職した場合には、一定期間支給されない給付制限があります。

このうち、③の正当な理由がない自己都合退職の場合、7日間の待期期間満了後1か月以上3か月の間で公共職業安定所長の定める期間、基本手当が支給されません。行政解釈および裁判例では「正当な理由」とは、事業所の状況、被保険者の健康状態、家庭の事情などから、その退職がやむを得ないものであることが客観的に認められる場合と解されています。自己都合退職の場合、行政実務では通常2か月の給付制限期間が設定されるため、失業者は、この期間、生活に困窮する状態に置かれます。しかし、いじめやパワハラなどで退職に追い込まれた場合も、本来であれば「特定理由離職者」とされるべきなのに、「自己都合退職」とされている実態があること、離職者は被保険者として雇用保険料を拠出してきていること、退職に正当理由を求めることは労働者の退職や転職の自由を制約することになることなどから、離職理由による給付制限は撤廃すべきと考えます。

③休業保障の特徴と問題点

今回のコロナ危機は、雇用形態が不安定な非正規労働者のほかに、自身で事業等を営み従業員を雇用せず実店舗を持たない「フリーランス」と呼ばれる人などの雇用維持と生活保障の必要性を浮き彫りにしました。

問題となったのは、雇用の継続を前提とする休業時の所得保障です。前述のように、最初の緊急事態宣言が出された2020年4月には、休業者は、前年同月比420万人増の597万人にのぼり、リーマンショック直後のピーク時の約4倍と過去最多となりました（総務省調べ）。その後、減少しましたが、2度目の緊急事態宣言もあり、2021年4月段階でも、約200万人規模となっています。労働者の責任ではない「休業」がこれほどの規模に達したのは過去に例がありません。

労働基準法（以下「労基法」といいます）は、使用者の責に帰すべき休業に対して、最低保障として平均6割以上の休業手当の支給を使用者に義務付けており、違反については罰則も予定されています（26条）。そして、雇用保険法では、労働者の職業の安定に資するという目的を遂行するため、事業主が負担する雇用保険料を原資として雇用安定事業と能力開発事業を規定しています（雇用保険二事業といわれます）。雇用安定事業のうち雇用調整助成金は、不況などにより急激な事業活動の縮小を余儀なくされた事業主が一時休業、雇用調整のための出向などを行う場合に、事業主が支払う休業手当や出向労働者の賃金負担額の一部を助成金として支給するもので、企業内での雇用確保を図り、失業の増加を抑えるという意味で、不況時において重要な役割を果たしてきました。雇用調整助成金の助成率については、2013年以降、大企業は2分の1、中小企業は3分の2という原則的な助成率に戻されていましたが、2020年以降の新型コロナの感染拡大とそれにともなう雇用情勢の悪化で、特例措置として、大企業、中小企業とも助成率が最大100％に引き上げられました（2021年7月以降も、助成率は引き下げられましたが、特例措置は継続されています）。

とはいえ、雇用調整助成金の制度は、事業主の申請により事業主に助成金を交付することで、休業手当の支払いを助長する、つまり企業側からの申請を前提とする「間接給付」であり、これまで助成金の不正受給があったことなどが問題となり、申請手続きが複雑になっていました。そもそも、非正規労働者には支給不要と誤解していたり、新型コロナ感染拡大による休業は、企業側に休業手当の支払義務がないかのようなアナウンスがなされていたりしたため、休業手当の支払いを拒む企業があとをたちませんでした。

また、労働行政の人員も削減され、逼迫しており、受給までに2か月以上の時間がかかり、労働者が休業手当を迅速に受け取ることができないという運用上の問題点もありました。そして、かりに休業手当を受け取れたとしても、労基法上で予定されている休業手当は、最低保障として平均賃金の6割以上の手当の支払いであり、休業手当の基礎となる平均賃金が、過去3か月の総賃金額を暦日（休日を含む）数で割って計算するため、非正規労働者の場合、正社員と異なり各種手当が支給されないこともあり、平均賃金は時給や日額よりかなり低額に算定される。しかも、休業手当の計算は、平均賃金に予定されていた労働日のうちで休業となる日数分でしか計算されないために（労災保険の休業保障の場合は休日も補償の対象となるのと差があります)、実際には休業手当額は、時給や日給の4割程度にしかなりません。これでは、もともと賃金の安い非正規労働者は暮らしていけません。

さらに、週20時間未満の短時間労働のため、そもそも、雇用保険に加入していなかったり、個人事業主と位置づけられるフリーランスは雇用保険の適用外となり、休業手当そのものの支給がなく、生活困窮に陥る人が続出しました。

(3) コロナ危機への対応と課題

①雇用保険法臨時特例法による新型コロナウイルス感染症対応休業支援金

こうした新型コロナの影響による雇用危機の中、さまざまな特例措置が打ち出されました。まず、2020年6月に、雇用保険法臨時特例法(新型コロナウイルスの感染症等の影響に対応するための臨時特例等に関する法律)が成立し、新型コロナの感染拡大で、求職活動が難しくなり、かつ長期化していることを踏まえ、雇用保険の基本手当の給付日数が最大で60日延長されました。そのほか、雇用保険法臨時特例法では、雇用保険の安定的な財政運営を確保するため、求職者給付等に要する経費について、経済情勢の変化や雇用勘定の財政状況を踏まえ、一般会計から繰り入れることができることとされました。

また、前述のような雇用調整助成金や休業手当の制度的不備を補うべく、雇用保険法臨時特例法により、新型コロナの感染拡大の影響により事業主が休業させ、休業期間中に休業手当を受け取ることができなかった被保険者に対して、新型コロナウイルス感染症対応休業支援金を支給する事業を実施することができることとなりました（同4条）。これは、中小企業の被保険者に対して（その後、２０２１年1月の2回目となる緊急事態宣言に際しては、大企業の被保険者にも拡大）、休業前賃金の80％（月額上限33万円）を休業実績に応じて支給するもので、従来の雇用調整助成金とは異なり、労働者本人が申請し、ハローワークで直接受給する「直接給付」である点に特徴があります（ただし、申請書類には、事業主が休業したことを記載する欄があり、事業主の協力が得らえず申請を断念する事例も出ています）。

さらに、雇用保険の被保険者でない労働者についても、予算の範囲内において、休業支援金と同趣旨の給付金を支給する事業が実施されました。従来、フリーランスなど個人事業主形式の場合は、雇用保険の適用外とされ、休業中に賃金を受け取ることができませんでしたが、今回の支援金の制度は、これらの労働者にも給付金を直接支給するもので、大きな意義を有すると考えます。これを契機に、休業手当も、類似制度である労災保険の休業補償と同様、平均賃金の80％とするなどの見直しを行うべきでしょう。

一方、先の特措法の改正で、緊急事態宣言下で時間短縮や休業などの要請に応じない事業者に対して知事が命令を出し、従わない場合には、30万円の過料が科されることとされました。しかし、要請を受けて休業する事業者への財政支援はあいまいなままで、明確な補償規定は設けられていません。

②低所得者のひとり親世帯への臨時特別給付金など

ついで、新型コロナの感染拡大の影響で、子育てと仕事を一人で担っているひとり親世帯の生活困窮が増大したことから、児童扶養手当の受給世帯を対象に、低所得のひとり親世帯への臨時特別給付金が支給されました。

給付額は、児童扶養手当の支給を受けている世帯に月額5万円（第2子以降ひとりにつき3万円の加算あり）、新型コロナの影響を受け家計が急変し収入が大きく減少している世帯には、申請により、さらに追加給付として5万円が支給されます。前者の支給は、申請は不要で、支給される児童扶養手当に上乗せされます。当初は、２０２０年6月分1回のみでしたが、その後の経済状況の悪化もあり、12月にも追加支給されました。なお、２０２１年4月には、ひとり親世帯のみならず、住民税非課税世帯に対して、追加的な給付金5万円が支給されています。

しかし、いずれも一時的な臨時給付金にとどまっており、恒久的な児童扶養手当の支給額の引上げが必要です。また、児童扶養手当（にかぎらず日本の社会手当）は、所得制限が前年度の所得を基準として行われるため、新型コロナの影響で急激に収入が減少したにもかかわらず、前年度の所得が高かったために、児童扶養手当が支給停止となり受給できない世帯も現れています（その場合は、申請により追加支給の道があります）。事務負担の軽減からも、所得制限は撤廃し普遍的手当に移行すべきと考えます。

家賃補助については、生活困窮者自立支援法の住居確保給付金の対象範囲が拡大されました。

③住居確保給付金

住居確保給付金は、①主たる生計維持者が離職・廃業後2年以内である場合、もしくは個人の責任・都合によらず給与等を得る機会等が、離職・廃業と同程度にまで減少している場合、②直近の月の世帯収入合計額が市町村民税の均等割が非課税となる額の12分の1と、家賃(上限あり)の合計額を超えていないこと、③現在の世帯の預貯金合計額が各市町村の定める額を超えていないこと、④誠実かつ熱心に求職活動を行うという4つの要件を満たした場合に、市町村ごとに定める額(生活保護の住宅扶助額に相当し、特別基準額が上乗せされる場合もあります)を上限に実際の家賃額を、原則3か月間(最大12か月間)支給する制度です。従来は、①のように離職・廃業後2年以内である場合に限定されていましたが、2020年4月以降、厚生労働省の通知で、新型コロナの影響による休業などで収入が減少した場合も対象とされています。

生活困窮者自立支援法は、生活保護法の2013年改正とともに、いわゆる「第2のセーフティネット」として制定されたもので(2015年施行)、同法は、「生活困窮者」を「現に経済的に困窮し、最低限度の生活を維持することができなくなるおそれのある者をいう」と定義し(2条1項)、生活困窮者の自立の促進を図るため、都道府県等(都道府県・市・福祉事務所を設置する町村)が、生活困窮者自立相談支援事業など各種の事業を実施することを定めます。生活困窮者住居確保給付金の支給事業（同法6条）は、生活困窮者自立相談支援事業（同法5条1項）とともに自治体の必須事業と位置づけられています。

住宅の家賃補助の仕組みは、日本では、これまで生活保護の住宅扶助しかありませんでしたが、生活保護受給者以外の生活困窮者に対しても住居確保給付金として家賃補助の仕組みが制度化され、しかも新型コロナの影響を受けた人にまで拡大されたことは評価できます。しかし、家賃補助の上限となる生活保護の生活扶助額が、とくに大都市では実態にあっておらず、給付金そのものの引き上げが必要です。

④緊急小口資金・総合支援資金

各都道府県の社会福祉協議会が実施主体となる生活福祉資金貸付制度に含まれている緊急小口資金についても、支給対象範囲が拡大され、貸付上限額も引き上げられました。

緊急小口資金は、緊急かつ一時的に生計の維持が困難となった場合に、少額の資金（10万円以内）を貸し付ける制度ですが、新型コロナ危機に対応した特例措置として、対象を住民税非課税の低所得世帯以外にも拡大し、貸付上限額も20万円以上に増額されました。さらに、これでは足りない世帯については、生活福祉資金貸付制度の中にある「総合支援資金」にも最大月20万円（単身15万円）を3か月間支給する特例措置が設けられました。

厚生労働省によると、２０２０年3月25日～7月25日の4か月間で、貸付件数は約78万８０００件、貸付額は累計で約２１３０億円に達しています。生活福祉資金貸付制度は、それほど周知された制度ではなく、利用頻度は高くありませんでしたが、今回大幅に運用が緩和されたことで「使い勝手」がよくなり、利用促進につながったといえます。

しかし、これらの施策も、基本的に返済が必要な貸付であり、給付金の支給も期限付きです（いずれも延長されましたが、２０２1年6月末まで）。コロナ禍の長期化で、一時金は使い果たし、生活に困窮する人が増大しています。その結果、生活保護の申請も徐々に増大しつつあります。少なくとも、新型コロナが収束するまで、貸付ではなく、給付金の支給を継続すべきで、将来的には恒久化が必要と考えます。

5　今後の課題

⑴　コロナ禍で明らかになった新自由主義政策の問題点

①社会保険における「保険主義」の強化と増大する窓口負担・社会保険料負担

「新自由主義（neoliberalism）」とは、D・ハーヴェイの定義によれば「私的所有権、自由市場、自由貿易を特徴とする制度的枠組みの範囲内で個々人の企業活動の自由とその能力が無制約に発揮されることによって人類の富と福利が最も増大する、とする政治経済的実践の理論」[*3]とされる。要するに、市場活動を行う企業への規制を大幅に緩和するとともに、社会保障費を抑制し、「小さな政府」を志向する政策および政策思想です。

日本での新自由主義政策は「構造改革」と称され、社会保障の中心をなす社会保険制度では、保険料の引き上げや自己負担の引き上げなど保険主義の強化が進められました。2000年に施行された介護保険制度が、低所得を理由とした保険料免除を認めず、月額1万5000円という低年金の高齢者からも年金天引きで保険料を徴収し（特別徴収）、給付費総額と保険料が連動する仕組みを構築しており、保険主義を徹底した制度でした。2008年には、後期高齢者医療制度が導入され、高齢者医療でも、保険料の年金天引き、高齢者医療費と保険料が直結する仕組みがつくられました。2018年度からの国民健康保険の都道府県単位化も、医療費と保険料が直結する仕組みをめざし、都道府県が策定する医療費適正化計画、地域医療構想などを通じた医療費抑制を目的とするものでした。そして、コロナ禍にもかかわらず、75歳以上の後期高齢者の窓口負担を一定所得以上の高齢者（単身で年収200万円以上）について1割から2割に引き上げる法案が成立しています。保険主義の強化は、保険料や自己負担分を払えない低所得者を保険給付から排除し（社会保険の排除原理）、それらの人が必要な医療や介護を受けられない事態を招いています。

また、日本の社会保障財源としては、社会保険料収入が大きな比重を占め、ヨーロッパ諸国に比べると、社会保険料負担に占める被保険者負担の割合が大きいのが特徴です。実際、社会保険料の負担は、先進諸国ではトップレベルとなっており、個人の所得税負担より社会保険料負担の方が大きいのは、主要国の中では日本だけです。しかも、社会保険料は、給付を受けるための対価とされているため、収入のない人や低い人にも保険料を負担させる仕組みをとっており、低所得者ほど負担が重くなる逆進性が強い仕組みです。この点は、消費税と共通します。

国民年金の保険料は定額負担（２０２1年度で月額1万６５４０円）ですが、保険料の納付が困難と認められる者に対して、保険料の免除（法定免除・申請免除）の仕組みを採用しています。ただし、保険料免除の場合は、国庫負担分を除いて給付に反映されません。健康保険や厚生年金保険などの被用者保険の保険料は、標準報酬に応じた定率の負担となっていますが、所得税のような累進制が採用されておらず、標準報酬月額に上限が存在するため（健康保険で第50級・１３９万円、厚生年金保険で第31級・62万円）、高所得者の保険料負担が軽減されています。また、地域保険である国民健康保険料、介護保険第1号被保険者の保険料、後期高齢者医療保険料には、事業主負担がないうえ、収入がない人や住民税非課税の低所得者・世帯にも賦課され、配偶者にまで連帯納付義務を課す仕組みです。いずれも他の被用者保険の保険料に比べ突出して高く、低所得・低年金者に過重な保険料負担となっており、低所得者の家計を圧迫し、貧困を拡大するという本末転倒の事態が生じています。

②社会福祉基礎構造改革のもたらしたもの—福祉の市場化、個人給付化

一方、社会福祉制度については、「措置から契約へ」の理念のもと、1990年代後半から、社会福祉基礎構造改革と称して、自治体の責任でサービスを提供（現物給付）する措置制度の解体が進められました。そして、介護保険法、障害者総合支援法、子ども・子育て支援法など一連の立法により、高齢者福祉、障害者福祉、児童福祉の各分野において、社会福祉給付の大半が、直接的なサービス給付（現物給付）から、認定により給付資格を認められた要介護者などへのサービス費用の助成（現金給付）へと変えられました（個人給付方式）。同時に、選択の尊重という理念に即して、株式会社など多様なサービス供給主体の参入が促進され（福祉の市場化）、利用者が事業者と契約を締結してサービスを利用する仕組みとされました（直接契約方式）。ただし、保育制度では、子ども・子育て支援新制度の導入による個人給付・直接契約方式への転換は、認定こども園など一部にとどまり、多くの子どもが利用している保育所については市町村の保育実施義務が残り（児童福祉法24条1項）、自治体責任による保育所方式が維持されました。

社会福祉分野における新自由主義政策は、社会福祉基礎構造と称して、自治体責任方式をとる措置制度を解体し、個人給付・直接契約方式へ転換（以下「個人給付化」と総称します）をはかり、福祉の市場化を推進することにあったといえます。こうした個人給付化と市場化により、社会福祉は大きく変容し、いくつかの課題を抱えることとなりました。

第1に、個人給付化により、市町村が直接サービスを提供（現物給付）する仕組みがなくなり、契

約を通じたサービス利用が現実に困難な者に対する措置制度は残されたものの、同制度の形骸化と市町村（公的）責任の後退が顕著となっています。同時に、基盤整備に関する公的責任も後退し、保育所や特別養護老人ホームなどの不足により、多くの待機者・待機児童が生まれています。

第2に、社会福祉法制の個人給付化は、従来の補助金のような使途制限をなくし、企業参入を促して、供給量の増大を図る狙いがあり、その結果、確かに、介護保険にみられるように、サービス供給量は増大しました。しかし、一方で、施設・事業者が人件費抑制を迫られ、しかも職員配置基準などの改善はなされず、むしろ引き下げられたため、介護職員や保育士などの労働条件の悪化と人材確保難、介護や保育などサービスの質の低下をもたらしました。

第3に、措置制度のもとでは、利用者の増減にかかわりなく1か月単位で補助金（委託費）が支給されていましたが、個人給付化された介護保険や障害者福祉では、利用実績に応じた日払い方式になったため、施設・事業者の経営が不安定になりました。そして、前述のように、新型コロナの感染拡大の影響で、利用者が減少すると、各事業者は大幅な減収、経営難に陥る結果をもたらしました。

③雇用分野での規制緩和

雇用分野では、新自由主義政策は、労働者派遣法の制定と改定による派遣労働の拡大といった規制緩和、前述のように、雇用保険制度の受給要件の厳格化などの給付制限の強化という形で具体化されました。そして、それが派遣労働者をはじめ、不安定な雇用の非正規労働者の増加、柔軟な働き方の名目でのフリーランスの増加を招き、コロナ禍による雇用危機とそうした人々の生活困窮を招く結果となりました。

また、行政の効率化の名目で、労働行政における人員削減が進められ、雇用調整助成金をはじめ、各種の給付金の迅速な支給が困難な状況が生み出されました。

(2) 社会保障・雇用保障の再構築の方向性

①社会保険料の負担軽減と減免範囲の拡大

こうした新自由主義政策で脆弱化した社会保障・雇用保障の再構築が課題となります。社会保険については「保険主義」から脱却し、保険料の負担軽減などの改革が必要です。

まず、国民健康保険料・介護保険料・後期高齢者医療保険料については、収入のない人や住民税非課税世帯の保険料は免除とすべきです。当面は、国民健康保険料・介護保険料の2割・5割・7割軽減を8割・9割軽減にまで拡大していくべきでしょう。

また、他の国に比べて社会保険料負担に占める割合が低い事業主負担と公費負担を大幅に増大すべきです。とくに国民健康保険については、公費の増大による保険料の引き下げが早急に求められます。国民健康保険への国庫負担をもとの医療費40％の水準に戻せば、1兆円の財源増となり、国民健康保険料を協会けんぽ並みの保険料水準に引き下げることができます。将来的には、応益負担部分の廃止、所得に応じた定率負担にするなどの抜本改革が不可欠です。

被用者保険についても、前期高齢者の医療費調整制度、後期高齢者支援金に対して公費負担を導入し、協会けんぽの国庫補助率を健康保険法本則の上限20％にまで引き上げ（健康保険法153条）、保険料を引き下げる必要があります。そのうえで、被用者保険の標準報酬の上限の引き上げ・段階区分の見直しを行い、相対的に負担が軽くなっている高所得者の負担を増大させるべきです。厚生年金の標準報酬月額の上限を、現行の62万円から健康保険と同じ139万円に引き上げるだけで1・6兆円の保険料増収が見込めるという試算もあります。[*4] ただし、年金保険料に比例して年金受給額も上がるため、高所得者については、保険料が増えた場合の年金受給額の増大カーブを段階的に緩やかにしていく仕組みの導入が必要です。

また、社会保障費の増大に対応して保険料率の引き上げを行う場合には、原則折半になっている労使の負担割合の見直しを同時に行うべきです。具体的には、中小企業には一定の補助を与えつつ、事業主負担を増やす方向で増収をはかるべきでしょう。将来的には、その財源は、社会保険料の事業主負担を企業利益に応じた社会保障税に転換して、調達する方法が有効と考えます。

なお、年金保険については、社会保険料のほかにも、年金積立金の取り崩しによる給付水準の引き上げなどの方策が考えられます。年金については、高齢期の貧困防止のための基礎所得の部分は、最低保障年金として税方式で行うべきでしょう。

②介護保険と後期高齢者医療制度は廃止し、税方式に転換を！

なお、介護保険料についていえば、住民税の非課税者は65歳以上の第1号被保険者の約6割にのぼり、これらの高齢者の介護保険料をすべて免除とすれば、もはや保険制度として成り立ちません（保険集団の半分以上の人が保険料免除となる制度を社会保険といえるかという問題！）。このことは、そもそも、リスク分散ができないという点で、高齢者が保険集団となる介護保険という制度設計に無理があることを意味しています。

同様に、後期高齢者医療制度は、医療が必要となるリスクが高い高齢者のみで保険集団を構成しており、高齢者医療費の高さを際立たせ、世代間の分断を強めており、リスク分散の機能が働かず制度設計としては合理性に欠けます。実際に、高齢者の保険料だけでは、高齢者医療給付費の1割程度しか賄えず、大半を、公費と現役世代からの支援金に依存しています。

高齢者の介護保障・医療保障を社会保険方式で行うことに、そもそも無理があるといえます（保険になじまない！）。高齢者の介護保障・医療保障については、税方式へ転換すべきと考えます。年金から天引きされる介護保険料や後期高齢者医療保険料がなくなるだけでも、年金生活者の生活は各段に楽になるはずです。

③社会福祉制度の再構築の方向性

社会福祉制度の再構築の方向としては、まずは不足している保育所や特別養護老人ホームの増設など、公的責任による供給体制の整備が必要です。前述のように、社会福祉制度の個人給付化・市場化が、介護職員や保育士の労働条件の悪化をもたらしたことを考えれば、企業参入に依存しない公的責任による供給体制の整備が望まれます。特別養護老人ホームや保育所などについて、市町村に整備計画の策定と検証を義務付け、国・都道府県が整備に必要な財政支援を拡充すること、公立保育所の運営費の国庫補助、特別養護老人ホームの建設補助に対する国庫補助を復活することなどの施策が求められます。

また、個人給付・直接契約方式を市町村責任方式へ転換する必要があります。このことは、福祉行政における責任主体としての市町村の能力の向上、ひいては利用者の権利性の確立にもつながります。少なくとも、コロナ禍のもとでみられた利用者の減少で、運営主体の経営が不安定化するという事態は避けられます。各市町村は福祉担当のケースワーカーや公務員ヘルパーを配属し、専門性の強化をはかり、国は自治体へ必要な財政支援を行う必要があります。

さらに、費用負担に関しては、利用者負担などの存在により、高齢者や障碍者など支援を必要とする人がサービスの利用をあきらめたり、必要量を減らしたり、食費など最低生活費を削って負担にあてたりすることになれば、「健康で文化的な最低限度の生活」(憲法25条1項)を維持できなくなります。また、福祉の財政責任を確保する意味でも、福祉サービスにかかる費用については、国・自治体が公費で負担すべきであり、利用者負担を課すべきではありません。例外的に負担を課す場合でも、利用者の負担能力を超えた過大な負担とならないような配慮が求められます。これは憲法の規範的要求といえます。保育料については、給食費も含めて無償とすべきです。

④雇用保障の再構築の方向性

雇用保障の再構築については、まず、雇用保険について、求職者給付の所定給付日数を少なくとも2000年改正前に戻し、特定受給資格者制度は廃止し、基本手当日額と所定給付日数等の見直しを行うべきです。本来であれば、雇用形態にかかわらず非正規労働者も含めすべての労働者を雇用保険の適用対象にすることが望ましいのですが、当面、受給資格要件を緩和し、憲法22条に定める職業選択の自由の観点から、離職理由による受給資格差別をなくし、被保険者資格6か月のみで受給資格要件を満たす仕組みとすべきです。また、前述のように、自己都合退職の場合の給付制限は撤廃すべきです。さらに、基本手当の所定給付日数が基本的に90日ときわめて短期であるという問題があります。現在のコロナ禍の雇用情勢から、90日で再就職することはきわめて難しく、所定給付日数は最低でも180日とし、すべての年齢層において再就職が困難な状況にあることから、年齢による差は設けず、被保険者期間に応じ最長360日までの給付日数とすべきです。

そして、より根本的な解決策として、失業扶助制度の創設が必要と考えます。イギリス、ドイツ、フランス、スウェーデンでは、失業給付期間を超えても、減額はされるが、一定額の給付が失業者に支給される失業扶助制度が存在します。失業扶助制度は、失業保険の給付期間を超えた失業者だけでなく、失業保険に加入していなかったり、給付の条件を満たさない失業者も、一定の条件を満たせば給付されます。日本では、求職者支援制度が創設されていますが、要件を緩和した上で、全額公費負担による失業扶助制度に転換すべきです。失業扶助制度をはじめとする失業時の生活保障の拡充は、賃金の上昇と正規雇用の増大など労働条件の改善をもたらし、健全な労働市場の創出につながるはずです。

(3) 課題と展望

現在は、新型コロナの感染防止に全力をそそぎ、前述の提言で示したように、医療・介護・雇用体制の拡充のための数兆円規模の公費の投入が早急に求められます。社会保障・雇用保障の充実こそが国民の命を救うのです。

現在の菅政権は、社会保障財源のために必要との従来からの主張を繰り返し、消費税減税には消極的ですが、コロナ不況の中、落ち込んだ景気を回復する最も有効な政策は、消費税の減税（具体的には、5％への引き下げ）です。生活に困窮している人や中小企業にとっては大きな効果があり、早急に行うべきです。実際、ドイツ、イギリス、フランスをはじめ世界50か国が消費税（付加価値税）の減税を行っており、新型コロナ対策としての消費税（付加価値税）の減税は、今や世界の常識といってよいのです。

当面は、必要な財源はすべて国債で行い、コロナ収束後に返済していくことになるでしょうが、返済財源は、消費税に頼らずとも、所得税・法人税の累進性の強化と不公平税制の是正によって十分賄えます。「不公平な税制をただす会」は、コロナ禍の中で、消費税に頼らず、必要な財源を確保する税制改革の財源試算を発表しています（２０２０年6月18日）。それによると、①所得税については１９７４年の税率を適用し、累進課税を強化することで13兆１７５２億円の増収、②現行15％の株のもうけや配当所得を35％の源泉分離課税にすることで４兆９９９９億円の増収、③相続税は消費税導入前の累進税率とすることで１兆１０７９億円の増収、④法人税は大企業優遇税制を廃止し、所得税は累進税率を適用することで22兆２２４５億円の増収、合計で41兆５０７５億円の財源が生み出せるとされます。[*5]

新型コロナの感染対策にみられるように、菅政権の無策ぶりが明らかになりつつある現在こそ、消費税に依存しない税制、そして、あるべき社会保障・雇用保障の方向性を提示していく作業が早急に求められます。

注

1　天笠啓祐「拙速で進むワクチン&治療薬開発」『週刊金曜日』１３０７号（２０２０年12月４日号）20頁参照。
2　ヘルパー国家賠償訴訟の当事者の声については、伊藤周平『消費税増税と社会保障改革』（ちくま新書、２０２０年）15―16頁参照。
3　デビット・ハーヴェイ、渡辺治監訳『新自由主義―その歴史的展開と現在―』（作品社、２００７年）10頁。
4　垣内亮『「安倍増税」は日本を壊す』（新日本出版社、２０１９年）１５０頁参照。
5　菅隆徳「菅政権の税制改定と格差是正の税制改革」『税制研究』79号（２０２１年）70頁参照。

第Ⅱ部

コロナに対応するネットワークと自治体

1 「死のうと思ったが死ねなかった。最後だと思いメールした」
――やり切れないほどの独りぼっち、路上からの悲鳴が止まらない

瀬戸大作

1　コロナ災害ではなく政治の責任による人災

「いま、この瞬間、家を追い出されて、路上に追いやられる若者がいます。いま、この瞬間、おなかをすかしている子どもがいます。その子どものために炊き出しに並ぶ親御さんがいます。そして、いま、いのちを断つことを考えている大勢の人たちがいます」。

2021年5月6日、新型コロナ災害緊急アクションでともに活動する「つくろい東京ファンド」の稲葉剛さんは、参議院厚生労働委員会でこう訴えました。

5月3日、5日に開催した「GW（ゴールデンウィーク）『大人食堂』」には660人の人が訪れ、食料の配布や生活相談を受けました（画像Ⅱ－1）。昨日まで普通に働いていたような女性、住まい

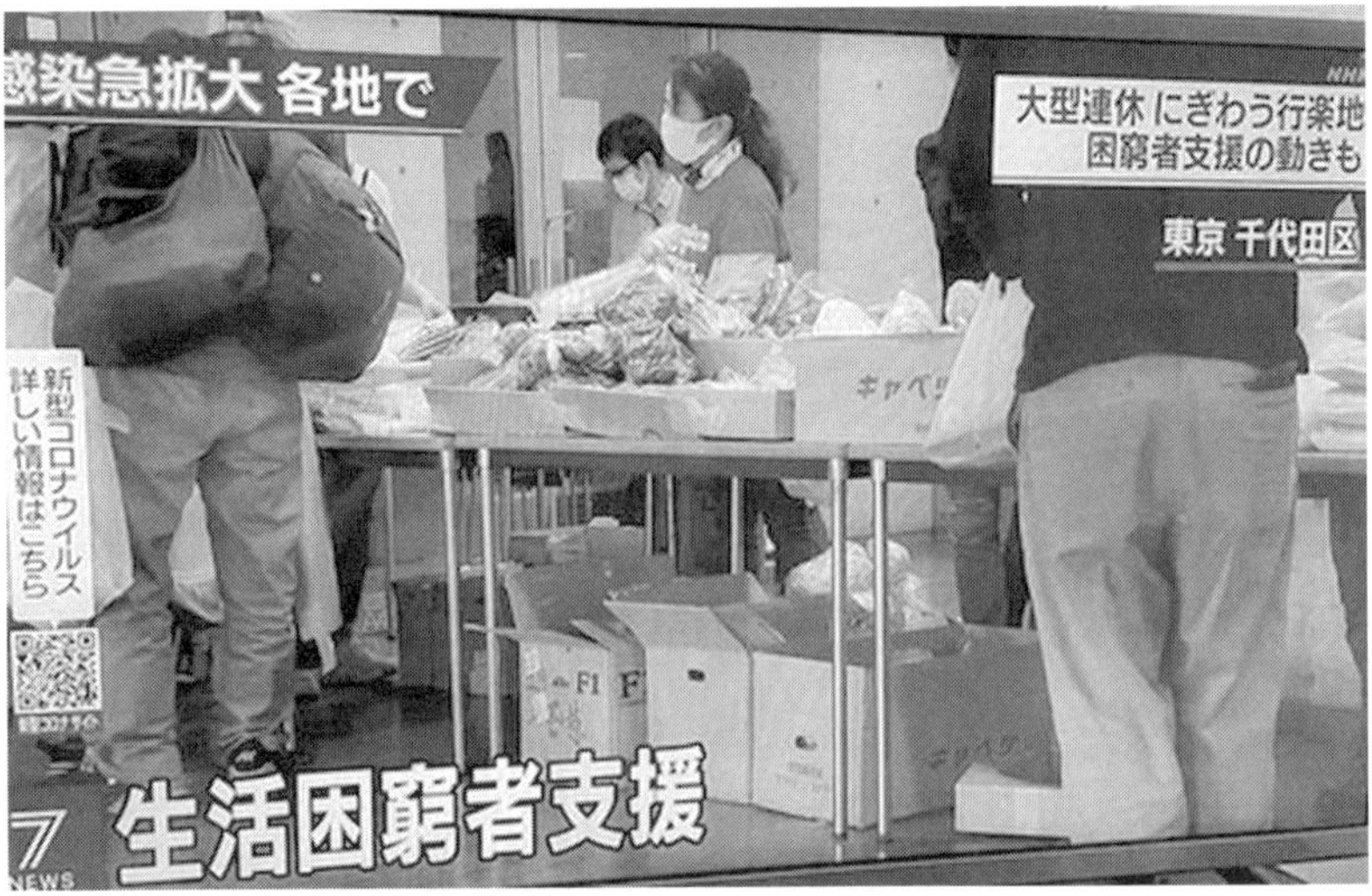

画像Ⅱ－1　GW「大人食堂」

出所：反貧困ネットワーク提供。

を失っただろう大きなスーツケースを両手で押してきた若い男性、どこの街角でも見かける母親と小学生の娘、そして母国での弾圧から逃れ、日本に助けを求めてきたが難民申請から弾かれ、働くことも医療も受けられない外国籍の皆さんが多く訪れました。民間の支援団体が連携して相談窓口を開設し、応急的に食糧を配布し、相談対応し、住まいやくらしや仕事に繋いでいく。このような活動が1年以上も続いています。自助も共助も、もう限界なのに、この1年間、公助の姿は見えません。

困っている時に福祉の窓口に「明日、家から追い出される。電気ガス・水道が止められる」「もう何日も食べていない」と駆け込んでも、「若いのだから生活保護は利用できない」「ギリギリまで落ちたら相談に来てください」「施設入所が生活保護受理の条件です」と、福祉事務所から冷たく追い返されることがあちこちで日常的に起きています。所持金も１０００円を切り、居所もない相談者にも容赦がありません。いちばん苦しい時に助けてもらうことも許されない。そのような福祉事務所の対応が、時には「死に至らしめる」ことを福祉に携わる人々は自覚してほしい。「福祉が人を殺す」、こんな事態が今日も全国のあちこちで起きています。

2　さらに状況が悪化

コロナ禍の長期化で仕事を失い、家賃滞納が続き、住まいを強制退去、就労可の在留資格を政府が与えず、医療も受けられない外国人、経済的な困窮だけでなく、助けてともいえず、孤独で、孤独で精神的にも疲れ切ってしまった人たち、最近では「死のうと思ったが死ねなかった。最後だと思いメールした」というメールが増えています。

新型コロナウイルス感染拡大から1年を過ぎ、ＳＯＳの内容は日を追うごとに深刻になっています。「死にたい」というメールを受け駆けつけると、ターミナル駅では20時を過ぎて、誰もいなくなったベンチには野宿する人たちだけが座っています。公園で野宿する外国人からのＳＯＳも増えはじめました。

私の駆けつけ支援が終了する時間の平均は21時30分、支援崩壊が近づいています。しかし、今後、減少するとは考えられません。貧困に苦しむ人に、いのちと暮らしを守る政治や福祉が存在しないからです。私たちのような民間の支援団体のスタッフたちは、もうとっくに限界に近い活動を続けています。「倒れるのではないか」「もうこれ以上は止めて」とメールが届きます。でも止めることはできません。23時のメールでした。公園のトイレで、野宿をしていた女性からのメールです。「死のうと考えて、その前に最後のメールをしました。そうしたら来てくれた」と言うのです。凛として礼儀正しく、ときおり少しだけ笑うのです。「今の自分を考えると情けなくて笑ってしまうのです」。今まで福祉事務所に裏切られてきたようでした。彼女は最後に私に聞きました。「瀬戸さんは希望ですか」。もちろん頷いた。

あのとき、駆けつけずに翌日回しにしていたら、彼女は生き続けただろうか。さらに困窮が深まり、「底が抜けてしまった」といわれる現実に向き合っています。1年以上、ほぼ休むことなく路上からのＳＯＳに向き合う日々を続けています。ＳＯＳの現場に駆けつけて、その後の生活保護申請同行とアパート入居までの支援を行います。最近の特徴は精神的にボロボロにされている相談者の急増です。精神的困難を抱え、心をやられてしまった若い世代が増えているのです。

そこまで追い込んだのは「助けて！」と言える人がおらず、相談機関もなかったこと、そして、やり切れないほどの孤独です。コロナの感染が広がったから貧困になったのではないのです。以前から「助けてと言えない社会」「どうしようもない孤独な社会」だったのです。非正規、女性、精神的困難、外国人――弱い状況に置かれた人たちの暮らしが「底が抜けたようにこぼれ落ち」ました。私が出会った多くの相談者が言います。「たまらなく寂しかったのです」。

このように「助けてと言えない」状況に、なぜ、至ってしまったのでしょうか。困っている時に福祉の窓口に行った時に、前述したように、福祉事務所から冷たく追い返されることが日常的に起きています。そのような福祉事務所の対応が、時には「死に至らしめる」ことを福祉に携わる人たちは自覚してほしい。「福祉が人を殺す」、こんな事態が今日も全国のあちこちで起きているのです。私の今後の活動の関心と行動の大半を「助けてと言えること」と「寄り場づくり」に注力したいと考えています。

「私はダニエル・ブレイク、一人の市民だ。それ以上でも以下でもない人間だ。この世界は完璧ではなく、努力をしていても、真面目に働いていていてもうまく行かないときもある。そういうときに支えとなるのが福祉であり、それはいわば戦場における病院の如きものだ。傷つき敗れた労働者はここでいったん休み、英気を取り戻し、また社会へと戻ってゆく。そういう存在であるべきである」（ケン・ローチ監督・映画「私は、ダニエル・ブレイク」より）。

3　新型コロナ災害緊急アクション

「新型コロナ災害緊急アクション」は、新型コロナウイルス感染拡大に伴い、拡大する貧困問題を共同して解決するため、私が事務局長を担う「反貧困ネットワーク」が呼びかけして、2020年3月24日に設立、38団体の参画で活動をすすめています（**図表Ⅱ－1**）。

1「死のうと思ったが死ねなかった。最後だと思いメールした」

図表Ⅱ－1　新型コロナ災害緊急アクション参加団体

あじいる／移住者と連帯する全国ネットワーク貧困対策プロジェクトチーム／一般社団法人エープラス／蒲田・大森野宿者夜回りの会（蒲田パト）／官製ワーキングプア研究会／企業組合あうん／共同連／くらしサポート・ウィズ／クルドを知る会／寿医療班／こども防災協会／コロナ災害対策自治体議員の会／サマリア／NPO 法人さんきゅうハウス／市民自治をめざす三多摩議員ネット／奨学金問題対策全国会議／新型コロナすぎなみアクション／住まいの貧困に取り組むネットワーク／首都圏生活保護支援法律家ネットワーク／首都圏青年ユニオン／女性ユニオン東京／生活保護費大幅削減反対！三多摩アクション／生活保護問題対策全国会議／滞納処分対策全国会議／地域から生活保障を実現する自治体議員ネットワーク「ローカルセーフティネットワーク」／つくろい東京ファンド／TENOHASI／「なくそう！ 子どもの貧困」全国ネットワーク世話人会／反貧困ささえあい千葉／反貧困ネットワークぐんま／反貧困ネットワーク埼玉／府中緊急派遣村／フードバンクネット西埼玉／労働組合「全労働」／非正規労働者の権利実現全国会議／反貧困ネットワーク／避難の協同センター／POSSE

50 音順、2021 年 2 月 1 日現在。

「新型コロナウイルス災害緊急ささえあい基金」も昨年4月16日にスタートさせました。現段階で、市民からのカンパで約1億2000万円が集まり、6000万円以上を給付しています。コロナ禍で仕事を失えば、ライフラインが止まります。2015年に生活困窮者自立支援制度が始まり、相談支援機関はたくさんあっても、金銭的な援助を得られる場は限られています。相談支援機関はたくさんできましたが、経済的援助手段はなかなかありません。

社会福祉協議会が窓口となっている「生活福祉基金」も、実際には活用しづらい。公的な貸付制度でも救えないコロナ災害の受け皿として、「反貧困緊急ささえあい基金」から給付支援を行って、いのちを繋いでいるのです。

緊急アクションの相談フォームに、連日のように届く「所持金が数百円しかない」「仕事を解雇され寮から追い出されて、路上生活になった」「何日も食べていない」「このままでは死にたくなくても死んでしまう」などの悲痛なメール。メールを受けて、私たちは、相談者が待つ現地に向かいます。

「新型コロナウイルス災害緊急ささえあい基金」（画像Ⅱ－2）から、当面の生活費と宿泊費をお渡しながら、その場でアセスメントを行い、数日後の生活保護申請同行とアパート入居までの支援や、必要な福祉制度に繋いでいます。そこから寄せられる「住まいがない」「所持金がない」などのSOSは、2021年4月までで、のべ700件以上にも及んでいます。この数は、相談支援ではなく、直接支援であるということが重要です。

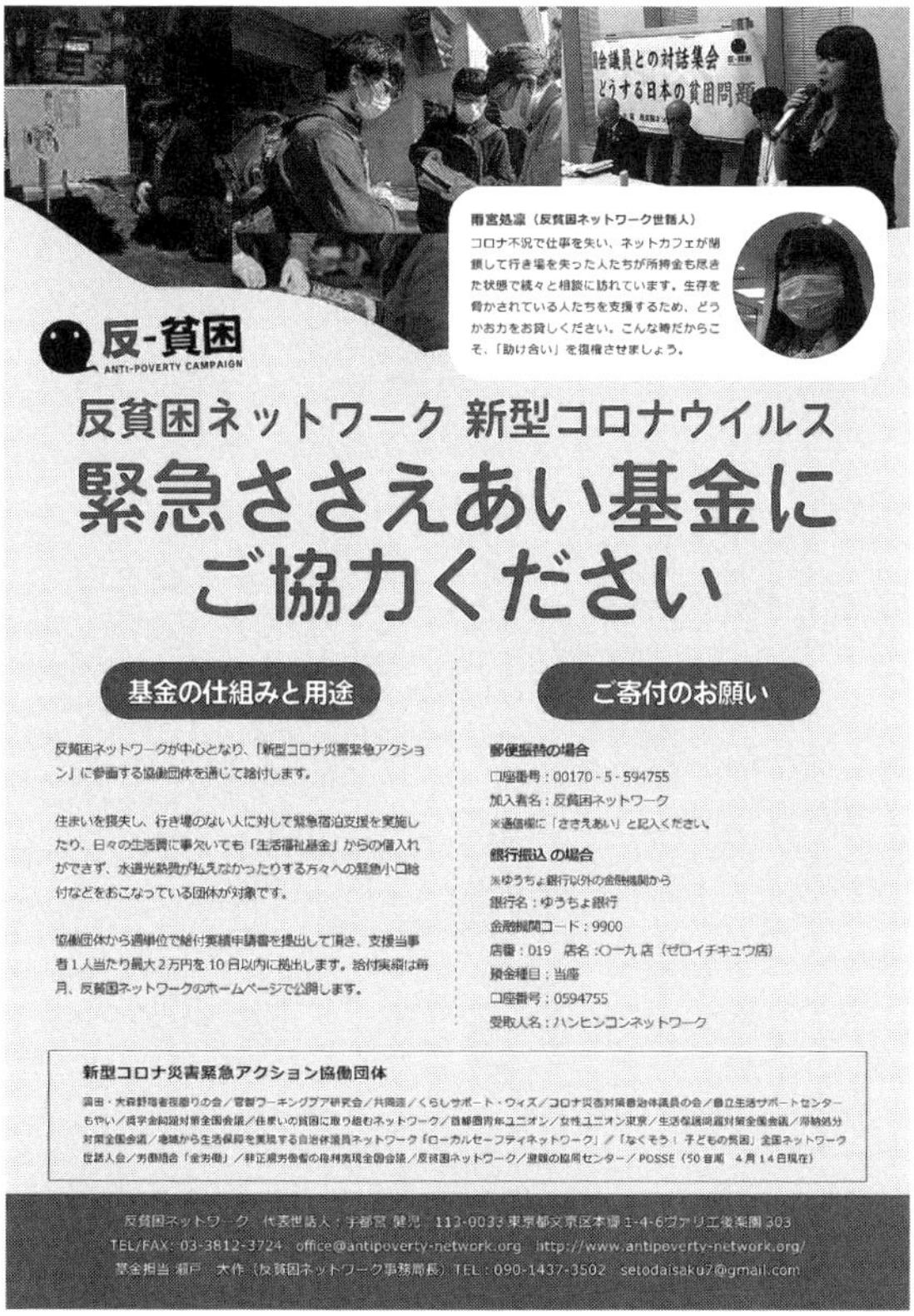

画像Ⅱ－2　「新型コロナ災害緊急ささえあい基金」ちらし
出所：https://corona-kinkyu-action.com/sasaeai/

年越し派遣村には、20代はほとんどいませんでした。30代もわずかで、圧倒的に多かったのは中高年でした。

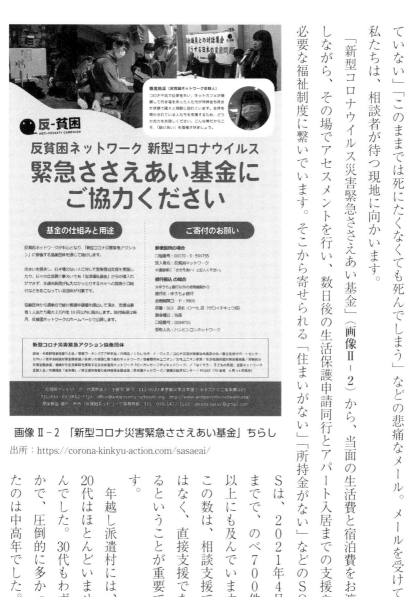

しかＳＯＳメールをくれる中で、かなりの割合を占めるのが若い世代です。80％以上が20～40代、最近は20代が半数を占めます。

以前からネットカフェなどで暮らし、日雇いや派遣で収入を得ていたが、コロナで収入が途絶えました。当初からアパートを借りる費用がなく、数年ネットカフェで暮らしながら生活していた人、寮付き派遣で暮らし、雇止めされて即日退去させられた人が多いのです。

4　新型コロナウイルス感染が「弱者を見捨てる社会」を露呈

多くのメディアから当事者取材の依頼を受けます。「この方はコロナの影響で困窮に陥ったのでしょうか？」と切り出す。私は唖然とします。

２００２年の小泉純一郎・竹中平蔵の構造改革によって、派遣労働と非正規雇用を増やし、彼ら彼女らを低賃金で不安定な立場に押し込みました。働く人の４割が非正規雇用です。非正規雇用で働く人の平均年収は１７９万円。男性は２３６万円。女性非正規に限ると１５４万円です。貯蓄ゼロは単身世帯では38％を占めます。

ネットカフェで暮らす人たちの平均の月収は11・４万円。アパート等の入居に必要な初期費用（敷金等）をなかなか貯蓄できずに「ネットカフェ難民」になってしまった人たちの存在です。飲食店や派遣会社の寮から退去させられた人たちのＳＯＳも多い。

多くの人が「寮つき派遣」しか選択肢がないと考え応募しますが、仕事が極端に少ない上に、携帯電話が止まり、さらに仕事探しが困難になります。職探しの間にわずかな貯金が尽きてしまう。それでも「生活保護だけは利用したくない」と大半の相談者が言います。彼ら、彼女らは、非正規雇用で何とか生計を立てようと働いてきた「普通の」労働者であり、決して「自己責任」の結果ではないのです。

大半の福祉事務所において、無料低額宿泊所、自立支援施設入所を生活保護申請受理の条件としています。路上に居ただけで、生活保護申請者に対する疑いや偏見が差別的な運用に繋がり、アパート転宅が阻まれる状況が頻発しています。緊急アクション相談対応チームでは、相談者の生活保護申請に同行して、申請日当日から保護決定、アパート入居日までのビジネスホテルなどの一時宿泊先の確保、その後、約1カ月を目途に、アパート入居までの支援を行っています。そのような活動をほぼ休むこともなく、1年以上も続けています。

5　生活保護利用を躊躇させる社会
——政治の冷たさと尊厳の否定

(1)　扶養照会で相談者の尊厳を否定

親や兄弟に知られるのが嫌だからと申請をためらう人が多いのです。生活保護を申請すると、「扶養照会」といって家族に連絡がいきます――「あなたの息子さん／親が生活保護の申請に来ているが、面倒をみられないか」。

「新型コロナ災害緊急アクション」の相談チームの一員「一般社団法人つくろい東京ファンド」では年末年始、都内の生活困窮者向け相談会の参加者を対象に、生活保護利用に関するアンケート調査を実施しています。代表理事の稲葉剛さんは２０２１年1月16日の記者会見で、「アンケートに答えた人々は、生活に困窮している状態にあると考えられ、ほとんどが生活保護の利用要件を満たしていると推察される。しかし、現在、生活保護を利用している人は22・4％にとどまった。64・2％の人が、一度も利用していないと答えた。生活保護を申請するにあたり、高いハードルになっているのは『扶養照会』。現在、もしくは過去に生活保護の利用歴のある人の中で、『抵抗感があった』と回答した人は54・2％で半数以上に上った。『抵抗感があった』と回答した人の中からは、以下のような理由があがり、扶養照会への心理的負担が多いことがわかる。①家族から縁を切られるのではと思った。②知られたくない。田舎だから親戚にも知られてしまう。③以前利用した際、不仲の親に連絡された。妹には絶縁され、親は『援助する』と答え（申請が）却下された。実家に戻ったら親は面倒など見てくれず、路上生活になった。また、生活保護を現在、利用していない人の中でも、およそ3人に1人にあたる34・4％が『家族に知られるのが嫌』だと回答している」と話していました。

ます。大阪市では生活保護廃止が「成果」とみなされ、委託企業に「報酬」が支払われる仕組みが存在しているのです。

このようにして生活保護を利用する資格のある人のうち、現に生活保護を利用している人の割合（捕捉率）は2割にとどまっています。ドイツでは捕捉率が6割、フランスでは9割、それは恥ではなく、あたりまえの権利だという考えが浸透しているのです。そのための広報と教育を徹底しているからです。韓国でも、地下鉄に〈生活に困ったら生活保護が受けられますよ〉という広告がありますす。ソウル市では、日本のように「申請主義」ではなく、チャットン福祉（出前福祉）を政策に掲げ、地域の支援団体と連携して、貧困地帯を廻り、困窮者を捜しだし、必要な福祉制度に繋げて捕捉率を60％まで高めています。

6　追い詰められている生活困窮者自立支援の現場

厚生労働省で２０２１年2月20日（土）に開催した「コロナ災害を乗り越えるいのちとくらしを守る何でも相談会」の記者会見に参加し、支援現場で起きている現状報告を聞きました。猪股正弁護士が報告した「埼玉弁護士会　生活困窮者支援窓口相談員アンケート」は深刻すぎる内容でした。あちこちで支援崩壊が深刻度を増しているのです。概要を示します。

①毎日残業が続き、夜10時になる。

1「死のうと思ったが死ねなかった。最後だと思いメールした」

②相談員自身、収入が少なく生活が苦しい。
③委託方式が増えている。困窮相談の正規職員が1名しかいない。
④住居確保給付金給付業務に偏り、自立支援と両立できない。
⑤とにかく現場には人が足りない。
⑥もう何も言うことはありません。充分な屈辱を味わい諦めている。
⑦申請書類の簡素化や厚労省が出した通達にある、審査等のスピード化を徹底して欲しい。
⑧厚労省の通達を読み込んでおらず、形式や不正防止にこだわるあまり、相談者のひっ迫感や現場のスピード感に対応しきれない。

などです。

7 コロナ禍が浮き彫りにした移民外国人の「平等性」からの排除と差別
——給付金支援の大半が外国人

「反貧困ネットワーク」の世話人である稲葉奈々子さん（移住連）からの要請に応えて開始した「ささえあい基金」からの外国人給付金は、仮放免者など住民登録のない人たちが特別定額給付金の対象外になったこともきっかけでした。仮放免者は有効な在留資格がなく、入国管理施設（収容所）に収容されたものの一時的に解放されている者をいいます。収容所は感染リスクが高いため、4月以降、入管が仮放免を認めるケースが相次いでいます。

しかし仮放免後は、原則、就労が禁止され、また住民登録もできないため、公的な福祉制度は利用できません。そのため仮放免者は、家族・親族、コミュニティ、支援団体、宗教施設などに頼って生活をすることになります。しかし、コロナ禍のなかで、それまで頼ってきた家族やコミュニティのメンバーも失業してしまい生活が立ちいかなくなっている例が少なくありません。また教会もミサがなくなり、献金が集まらなくなり、彼らの生活を支えることが難しくなっています。

もともと過酷な生活を送ってきた仮放免者は、より追い込まれた状況に直面しているのです。ガスや電気が止められ、食料もままならない、家賃が払えず追い出しの危機にあっているなどの声が寄せられています。くわえて仮放免者は、数年にのぼる収容生活のなかで、健康状態に問題を抱えている人も多いのです。しかし、健康保険が使えないため診療を抑制し、さらに体調が悪化するという悪循環も生じています。まさに「医・食・住」という生きるために不可欠なものが脅かされている状況です。

日本に暮らす外国人の給付支援は4000万円にのぼります（図表Ⅱ－2）。半数以上が公的支援も受けることができない就労も許可されない在留資格と仮放免、すべての生活を支援者に頼らざるをえないことが明らかになっています。仮放免、短期滞在の外国人は公的保険に加入することができません。自己負担で医療を受ける場合、10割負担で請求され困窮状態にある外国人は負担できず診療できない状態になります。最後の命綱が無料低額診療になります。しかし、無料低額診療は、実施する医療機関の裁量によるため、受診を拒否される外国人もいます。実施する民間の医療機関には支えきれません。相談会に来た外国人の相談の多くは健康問題でした。国籍・在留資格にかかわらず医療サービスを受けられる仕組みが求められているのです。

2020年5月に家賃が払えなくなり、家から追い出されて公園で寝泊まりしていた中国人の仮放免者Pさんは、背後から鈍器で頭を殴られて気を失い、救急車で病院に運ばれました。翌日、意識が戻ると、頭がい骨が陥没し、右足が麻痺していました。しかし病院は、仮放免で医療費が払えないとわかると、動けないPさんを車椅子に乗せて、病院の車で、野宿していたもとの公園に連れていき、ベンチに放置したのです。その後Pさんは、数日間、近所の人がくれる食べ物で空腹をしのぎながら、自分で足をマッサージして何とか歩けるようになり、その後、反貧困ネットワークのシェルターに入所していのちを繋いでいます。

災害緊急ささえあい基金給付

件数	宿泊給付	生活給付	交通費	計
484	4,038,900	8,150,172	237,100	12,426,172
215	1,315,400	5,109,501	2,000	6,426,901
15	0	1,374,431	0	1,374,431
1,195	280,000	41,437,210	5,000	41,722,210
1,909	5,634,300	56,071,314	244,100	61,949,714

8　いま、新たな課題に直面
――絶望の中からの希望を見出す

コロナ禍から1年。緊急対応を続けてきた中で、いま、新たな課題に直面しています。「生活保護につなげてアパートに入居できた」。で

図表Ⅱ－2　新型コロナウイルス

収入部門	金額	支出部門
ささえあい基金 犬猫基金	113,660,270 5,259,500	直接手渡し給付 団体連携手渡し給付 犬猫基金 移住連外国人給付
計	118,919,770	

出所：筆者作成（2021年6月10日現在）。

も、それでは終わりではないのです。今はコロナの影響で仕事も見つけにくい。アパートに入っても人とのかかわりがないために孤立を深めてしまい、突然連絡が取れなくなる相談者が増えています。

支援している相談者からの嘆きが相次いで届きます。電話でもメールでも届く。共通していることは独りぼっちのアパートやビジネスホテルでの「死にたくなるような寂しさ」です。「1週間、誰とも会話していない」「以前のように仕事が見つからず、友だちもいない」「部屋の天井を見上げるだけなのだ」。私たちが思っているより、若い人たちの抱えている困難は深刻です。精神的なケアが必要な相談者も多く、半数くらいは継続的なフォローがいります。それに、もう一度仕事に就くにしても、ブラック企業で使い捨てのように働かされてきた人たちを、またそこに戻すのかという問題もあります。

「生きていく自信がない」とメールが来て駆けつけた20代の青年Ｋ君と出会って5カ月が経過しました。Ｋ君は歌舞伎町のホストでした。当時の年収は1億円を超えていました。しかし心身をボロボロにして、Ｋ君と出会った時は、所持金３００円でした。ＬＩＮＥグループで出会った若者たちと一緒に自殺しようと河川敷に向かっていました。でも怖くて死ねずに駅に戻り、ＳＯＳをくれました。一緒に生活保護申請に向かい、ビジネスホテルに当面の居所を確保しました。しかしＫ君は笑うことはありませんでした。食事も取らず、ガムとゼリーだけでした。毎週会いに行き、傷つき過ぎた心の回復に向けて対話を続けてきました。

最大の困難は「孤独」です。ビジネスホテルの小さな部屋の天井だけを見つめていても希望は開けません。反貧困ネットワークが運営するシェルターに受け入れる決断をしました。私たちのシェルターで暮らすことで、「独りぼっちじゃない空間」「貧乏だけど幸せな瞬間がたくさんある」「体験があり、仲間たちがいる場所」への階段をのぼることにしました。

シェルターに到着してすぐ近くにある「泪橋ホール」に向かうと、シェルターの住人たちが集まってきました。いちばん激励してくれたのは、所持金500円でSOSをくれた元コンビニ店長のTさんでした。ブラジルやインドの方も集まってきて、意味不明なおもてなしを始めました。いつも笑顔で迎えてくれるオーナーの多田裕美子さんに癒されます。

嬉しいことがありました。全く食事がとれなかったK君が、おかしい仲間たちとの会話に加わり、自分の辛かった経験を語り、多田さんがご馳走したカレーを美味しそうに食べたのです。ガムとゼリーしか食べられなかったKです。そして笑ったことがなかったK君が笑ってくれました。K君は現在、チャレンジしたい仕事への勉強を始めています。

9　「使い捨て」の労働市場から協働で生きる新しい分かち合いの社会

これまではボランティアが集まり、任意団体として活動してきた反貧困ネットワークでしたが、増加するSOSや長期化する支援を見据えて、2021年4月に法人化しました。「一般社団法人反貧困ネットワーク」として、緊急宿泊用シェルターを増やし、専従スタッフが就労ケアをしながら孤立の防止を目指す計画です。公的支援からこぼれ落ちてしまう外国人支援にも力を入れていきます。

他にも、希望の「分かち合いネットワーク」をつくる予定です。GW大人食堂では、東京・新小岩のネパールレストランの名店「サンサール」が200食の手作りキーマカレー弁当を用意してくれました。こういう食堂を各地域でどんどん増やしていきたいのです。普段、普通の光景として、地域で困窮した方を、お店やお店のお客さんで支える「分かち合い」と「駆け込み寺」をつくる。「助けて」と言えば「助け合い分かち合う」ことができる場所をたくさんつくる。

反貧困ネットワークでは、東京荒川区にある「企業組合あうん」が中心となって設立した「一般社団法人あじいる」と合同会議をはじめました。「アジール」はフランス語で「自由領域」「避難所」「無縁所」という意味です。さまざまな縁と切り離された人々が、ここで新しい縁を築き上げよう。もう一度仲間とともに胸を張って生きる場を作っていこう。そんな思いでつながった仲間たちと立ち上げた団体だということです。

反貧困ネットワークが運営するシェルター「ささえあいハウス」は、山谷泪橋に設置し、多くの住人が公的支援も受けることができず、住まいからも追い出されている外国人を中心とした緊急宿泊先として位置づけました。住人である外国人のひとりひとりが深刻な困難を抱えています。共通していることは、「医療」「経済的困窮」「孤独」「在留資格」など、単なる住居提供では困難は解決できないことを、身を持って体験しています。反貧困ネットワークだけでは問題解決できないのです。医療では、地域にある「山友会クリニック」「隅田川医療相談会」と連携して、日本の公的医療から排除されてきた彼らを「あじいる」の皆さんと一緒に地域の病院に連れていっていただき、見守っていただいています。

「反貧困緊急ささえあい基金」で4000万円、延べ1250世帯の外国人のいのちを給付金で繋いできましたが、給付金を渡すだけでは解決できない「住まい」「医療」「食」「寄り場」を地域の住民連帯でつくりだすために、今後、月1回のペースで「合同会議」を開催して具体化していきます。

外国人だけでなく、就労に困難を抱える方が、必要なサポートを受け、他の従業員とともに働いている「社会的企業」にも着手しています。外国人支援団体である「北関東医療相談会」「クルドを知る会」との三団体連携で医療・シェルター・生活相談の連帯事業の取り組みも始めています（画像Ⅱ－3）。

新自由主義の中で使い捨てのように扱われ、コロナで仕事を切られたら住まいまで追い出される現実があります。もう一度仕事に就くにしても、ブラック企業で使い捨てのように働かされてきた

画像Ⅱ－3　「クルド人の生存権を守る実行委員会」主催の相談会

注：2020年11月1日、埼玉県川口市で開催。
出所：反貧困ネットワーク提供。

人たちを、そこにまた戻すのか、という問題もあります。そのような働き方じゃなくて、みんなで支え合って働ける場作りが必要です。すぐには働けない人もいるから、それぞれの事情に合わせた働く場や居場所を協同の仲間たちと作っていきたいのです。

私は、「パルシステム生活協同組合」の職員でもあるので、希望をつなぐのが「協同」のつながりでもあるのです。「日本労働者協同組合（ワーカーズコープ）」に協力を仰ぎ、「新型コロナ災害緊急アクション」につながった相談者を対象にした「しごと探し・しごとづくり相談交流会」を、２０２０年12月と２０２１年３月に開催しています。ワーカーズコープですでに就労を開始している相談者もいます。この相談会の「女子会」や「当事者主体の自助グループ」を含め、今後も相談交流会を継続していく予定です。

2　兵庫県明石市の市民生活に即したコロナ対応

楠本美紀

1　明石市の概要

明石市《あかしし》は、兵庫県南部の明石海峡に面する都市で中核市に指定されています。市の面積は49・24平方キロメートル、東西15・6キロメートル、南北9・4キロメートル、東西に細長い街となっています。気候は温暖で交通の便も良く、神戸まで新快速で15分、ＪＲ大阪駅（梅田）までは37分です。日本標準時を決める東経１３５度線が通る市として知られ、「子午線のまち」として定着しています。子午線上の明石市立天文科学館には、日本標準時を刻む大時計が設置されています。明石市は人口約30万人で２０１８（平成30年）年４月１日中核市に移行しました。移行に伴って市の「あかし保健所」が設置されました。

2　保健所がどのような役割を果たしたのか

(1)　所長の方針

濱田昌範保健所所長（日本感染症学会認定専門医）が「あかし保健所」の概要（２０２０年度）の「はじめに」でコロナウイルス感染症について書かれています（画像Ⅱ－２－１）。

「明石市で新型コロナウイルスの第一例が出たのは４月１日（２０２０年）、ようやく通常業務が二巡したところでした。保健所を基礎自治体が有することのメリットを列挙しましたが、それが今回最大限生かされたと感じています。市役所職員・議員各位・市民病院ならびに医師会と、早期に『これは目に見えないけど一種の災害だ』という共通認識のもと『オール明石』の意思統一ができたこと。明石市独自のＰＣＲ検査拡充、あかし保健所職員の増員など、基礎自治体ならではのスピードで対応

画像Ⅱ－２－１　あかし保健所の概要

出所：『あかし保健所の概要』（令和２年度版）
https://www.city.akashi.lg.jp/hokensyo/documents/r2_hokenshogaiyou.pdf

できたと思います。医療機関、特に明石市民病院が最初からぶれずに患者対応を一手に引き受けてくださり市民の安心を得たこと。何よりも、救急隊員が発熱患者を適切に病院搬送できた点に感謝します。『保健所を設置して良かった』との評価をいただいていると思います。何よりも国からの指示を待つことなく、自分たちで考え行動に移さないと助かる命も助からないということに改めて職員全員が気づくきっかけになったと感じています。あかし保健所では6月に医師1名を迎え2名体制が整いました。全国的に公衆衛生医師が減少する中、貴重な戦力です」（要約）。

(2) 保健所のコロナウイルス対応

①新型コロナウイルス感染症相談専用ダイヤル（帰国者・接触者相談センターを兼ねる）の設置、帰国者・接触者外来の設置。

②ＰＣＲ検査機2台購入（計3台に）ＰＣＲ検査が必要な方が、より迅速にかつ円滑に検査が受けられるとともに、濃厚接触者に加え、感染拡大を防止する必要がある場合には広く検査が受けられるようにし、社会生活上不可欠な施設でのクラスター発生を防ぐため、検査体制の一層の強化を図るとともに、高齢者施設への新規入所者希望者全員、また妊婦さんで希望される方全員にＰＣＲ検査を実施。

③明石市新型コロナウイルス感染症対策本部の設置。

図表Ⅱ－2－1　明石市人口動態の推移

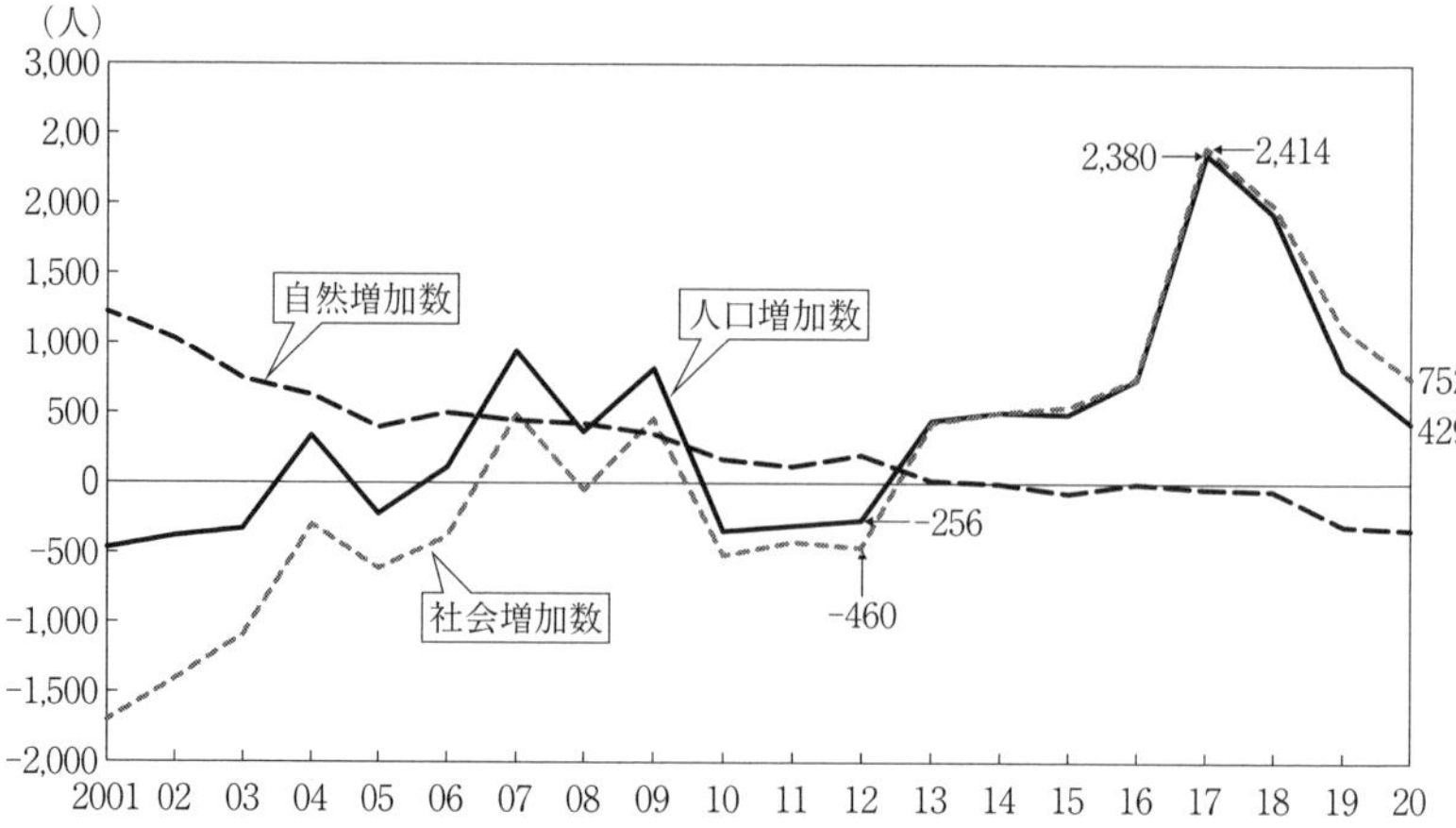

出所：明石市の人口動態（2020年）https://www.city.akashi.lg.jp/soumu/j_kanri_ka/shise/toke/documents/nennkann_r2.pdf より作成。

3　明石市政の特徴

明石市では、これまで障害者、子ども、高齢者をはじめ、「人」に「やさしい」施策に積極的に取り組んできました。これらの施策が多くの人に選んでいただけるまちの魅力として、人口の増加、にぎわいにつながり、まちの好循環が広がっています。

「やさしいまち」というのは、みんなで支え合い、助け合える居心地のよいまちであると同時に「強いまち」であると、泉《いずみ》房《ふさ》穂《ほ》市長は考えています。誰一人として排除するのではなく、寛容に包み込む、何かあったときにお互いさまと言えることがまちの強さのもととなるということです。また、市民ニーズに応えるために国に先んじて取り組んできた数々の施策は明石発として全国の自治

図表Ⅱ－2－2　明石市人口動態の出生率・死亡率の推移

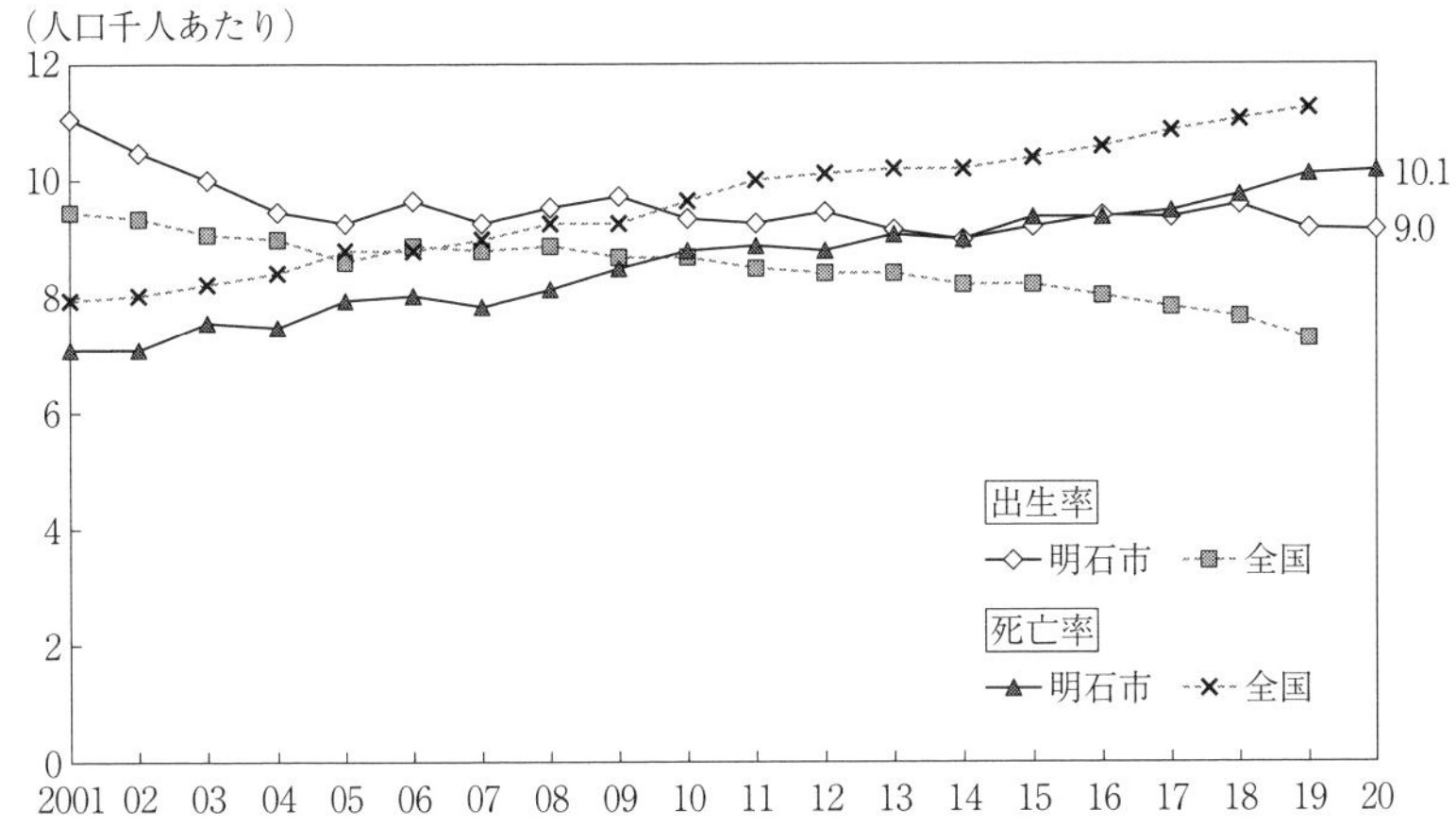

注：全国のデータは厚生労働省が毎年公表している人口動態統計の年間推計に拠っているが、2020年分は公表が見送られた。
出所：同前。

体に広がりつつあります。今後も積極的な取り組みにより、人にやさしいまちづくりをさらに加速させるとしています。市民と一緒に、この「やさしさ」を広げて、全国に誇れる明石のまちをつくっていきたいとしています。

市長は就任（２０１１年）して10年、当時の人口は減少の段階に入っていました。子ども最優先、子どものまちを目指し一気に方針転換した結果、何が起こったのか、人口が増え始めました（**図表Ⅱ－２－１**）。８年連続人口増になり、出生率も１・７まで上がってきました（全国平均は１・36）。明石市に移り住んだ方が、２人目、３人目のお子さんを出産しています（**図表Ⅱ－２－２**）。人口増加が６年連続税収増に繋がっています。２０１３年は３４２億円でしたが、２０１８年には３６７億円、25億円アップしています。30歳前後と、幼児が関西一円から明石に移住しています。人口増でまちに賑わいが生まれ、商業地の地価が上がり市税収入が6年連続で増加しています。財源ができて、さらに新しい施策ができる。その結果市民にとって安心のまちになっているのです。「明石が住みやすい」と答える市民が9割を超えています。

税収が増え、基金も増えてきています。一時、70億円まで基金が減っていましたが、115億円まで、45億円も積み増しができました。実質公債費率も2・9％になり、兵庫県で最も少ないまちになっています。子どもや福祉に力を入れたら、経済が良くなって、まちが潤う、生活満足度も関西で1位になっています。

ではどのような子ども施策が行われているのか、明石市独自の5つの無料化です。すべて所得制限がありません。

①中学校給食の完全無料化
②幼稚園・保育所の保育料、第2子以降完全無料化
③子ども医療費高校卒業（18歳）まで完全無料化（2021年7月から）
④市施設の遊び場が親子とも利用料無料化
⑤おむつ満1歳まで無料化

4　市長から職員へ

2020年5月7日の本会議での市長発言を紹介します。職員へ市長の思いを伝え、市の対応がはっきりと示されています。

「……まずもって市民のみなさまに、この間の市の施策、まちづくりに対してのご理解、ご協力に感謝を申し述べたいと思います。また、市民の代表である市議会のみなさまには、この難局に手を携えながら、車の両輪としてともに役割を果たせていることを感謝申し上げたいと思います。さらに加えて、明石市の職員は、本当にこの間一生懸命、それぞれの持ち場、持ち場において相談事や支援などに努めているところであり、市長としてあらためて市民のみなさま、市議会議員のみなさま、そして市の職員をはじめ多くの方々にお礼を申し述べたいと思います。……私は常日頃からみなさんに『公は尊い』とお伝えしています。社会が大変な状況になり、多くの市民が不安を抱えている今こそ、一丸となって市民の健康と生活をしっかりと支えることが、まさに公の役割だと思います。

職員のみなさんが、自身の感染リスクや不安もある中、それぞれの立場でしっかりと職務に励んでくれていることに心から感謝しています。

市民に一番近いのは、国や県ではなく、市です。市民と明石のまちの状況をしっかりと見て、ひとりひとりに寄り添った支援をするべきときです。漫然と国や県の指示を待ち、前例に従うのではなく、スピード感をもって対応していくことが必要です。

市民の痛みに共感する『やさしさ』と、この難局を乗り切る『賢さ』と、公の使命を果たす『強さ』が、今まさに求められています。

市民のため、明石のまちのために、ともに頑張りましょう。頼りにしています」。

5　コロナ対策としての市独自の17の施策（2020年）

次の施策を展開しています（図表Ⅱ－2－3参照）。

(1)　学生に前期分の学費を緊急支援（上限100万円）

市内から通学している学生（大学、大学院、短期大学、高等専門学校）に、「せっかく大学に入ったのにお金がなくて困っている」という声を受けて当初60万円の貸し付けを考えていましたが、薬学部や看護学部など60万円を超えるので上限を100万円とする。貸付原資も5000万円から1億円に増額。本人の同意を得た上で、前期分の学費全額を直接大学と市が交渉し、実際いつ頃までに払えばいいのかを確認して、学生の不安を解消できるような形で進めました。2020年5月2日以降、連休中も社会福祉協議会で対応しました。100人を超える学生が利用。

図表Ⅱ－2－3　明石市独自の17の支援策

1　学生に 学費上限100万円を緊急支援	2　ひとり親家庭に 児童扶養手当を上乗せ支給
3　子育て世代に 児童手当（1万円）を上乗せ支給	4　給付型奨学金 中学3年生に
5　子どもの養育費緊急支援 不払い分を立て替え	6　未就学児に 絵本の宅急便
7　テイクアウト・デリバリー 子ども食堂	8　赤ちゃん応援給付金 新生児1人につき10万円
9　生活困窮者に 特別定額給付金の先行支給	10　市税の納付期限の延長 市・県民税、軽自動車税、固定資産税など
11　水道基本料金 6か月分を無料	12　個人商店に 上限100万円を緊急支援
13　感染症対策助成金 飲食店に5万円	14　3割おトク商品券
15　高齢者・障害者サポート利用券	16　生活見守りサポート利用券 5000円分を交付
17　認知症サポート給付金・在宅支援金	

出所：明石市ウェブサイト。https://www.city.akashi.lg.jp/anshin/anzen/coronataiyo.html

〈学生や保護者から寄せられた声〉

「薬学部や看護学部は実習費等を合わせると80～90万円台になるところもある」

「学費の納期限で限定せず、納期を待ってくれる大学ほど不公平になるので配慮」

「親も子どもも収入が激減し、生活費にも困る状態。国の10万や20万円の給付金では学費までは到底まかなえない」

(2) ひとり親家庭に児童扶養手当を上乗せ支給

新型コロナウイルス感染症の影響が続く中、子育てと仕事を一人で担う低所得のひとり親世帯については、事業所の休業や勤務日数の減少等により、特に厳しい経済状況に陥っていることを踏まえ、こうした世帯に対する更なる支援を行うため、市独自で給付金を支給する。ひとり親世帯への緊急支援として、２０２０年5月支給の児童扶養手当にあわせて、1世帯あたり5万円を追加して給付しました。さらに、長引く影響を考慮し、収入が大きく減少したひとり親世帯なども対象に含め、5万円を追加で給付。市独自に2回目の給付金を支給するのは、兵庫県内で明石市が初。

(3) 児童手当受給者世帯へ児童手当を上乗せ

児童手当受給者世帯へ国の臨時特別給付金とは別に児童手当を上乗せ（1世帯1万円）。

(4) 高校進学給付型奨学金新設

対象者は高等学校への進学への意思がある人で、経済的な理由など家庭環境により進学が困難な人（条件あり）。子どもを取り巻く社会環境は、子育て世帯の教育費の増加と世帯所得の低迷、家庭の経済状況から生じる教育格差や貧困の連鎖により、ますます厳しいものとなっています。さらに、現在、新型コロナウイルス感染症の拡大による経済情勢の低迷により、家庭の経済状況はますます悪化しており、子どもの進学に対する機会の保障が喫緊の課題となっています。ついては、すべての意思ある子どもたちが、親の意向や経済的状況に依拠せず、自らの意思で安心して夢に向かうことができるよう、新たに高等学校進学に向けた給付型奨学金を創設するとともに、あわせて学習・生活のサポートを行うことで、社会全体で子どもの育ちを応援します。入学準備支援金（入学金、制服代、教科書代など）30万円、在学時支援金（クラブ活動費、学用品費、通学費など）月額1万円3年間、高校受験前の学習支援や学校生活支援も行われます。募集人員は30名でしたが、１２１名の応募があり、要件に当てはまる１１０名を決定しました。

⑸　子どもの養育費緊急支援、不払い分を立て替え（全国初）

養育費の取り決めがある市内在住の子どもで、養育費の不払いがあったときに、市が本来養育費を支払うべき義務者に働きかけ、それでも支払いがない場合に、市が1か月分（上限5万円）に限り立替払いをした上で、義務者に対して督促を行います。

⑹　未就学児に「絵本の宅急便」

外出できない子どもたちのために、図書館スタッフが図書館の絵本を届けます。

明石の市民図書館が閉館中は未就学児に「絵本の宅急便」を行っていました。子どもたちが家で過ごす時に、ある意味、時間を持て余している面もあります。親子の会話の時間についてもなかなか悩ましいところです。リクエストがあれば、その本を自宅に届け、すでに貸し出し中やリクエストがなければ、図書館の司書が子どもにあった本を5冊選んで、図書館職員が公用車で自宅まで届けていました。

⑺　テイクアウト・デリバリー、子ども食堂の実施

現在、市内に既存の子ども食堂の運営者による43か所の子ども食堂があります。この中で、約7か所で、「テイクアウト・デリバリー」を検討しています。支援としては初期費用10万円です。これは感染症対策ということで、衛生用品であったり、お弁当のパックに当てていただきます。そして運営費用で1回3万円、これは食材費と考えています。今回は緊急的な取り組みですので、実施期間は通常の子ども食堂が再開されるまでです。お弁当の料金は、子どもは無料です。

それから市内の個人経営の飲食業者の方に、お弁当の持ち帰り、もしくは宅配を考えています。子ども食堂を補完するという役割で、各小学校区につき1、2か所を選定します。運営助成として上限30万円、この額は開始から2か月ぐらいを考えています。お弁当の料金は、こちらも子どもは無料です。

⑻　赤ちゃん応援給付金新生児1人につき10万円

新型コロナウイルス感染症の影響で、子どもの育ちにもさまざまな負担が生じることが想定されるので、国の特別定額給付金の対象とならなかった新生児を対象に、給付金を支給します。また、子育てに関するアンケートに回答いただくことにより、乳幼児健診等の見守り事業と連携して子ども

の健やかな成長を支援します。

(9) 生活困窮者に特別給付金の先行支給1人10万円

2020年4月30日までに、県社会福祉協議会の新型コロナウイルス特例貸付を受けた生活困窮世帯に対して、特別定額給付金（1人10万円）を5月1日から先行支給。

(10) 住民税、市民税・県民税の納期の延期

すでに固定資産税や都市計画税、軽自動車税については2か月の延期、一律延長を伝達。さらに2020年6月末納期の住民税、市民税・県民税の1期分の納期を、2期の8月末に合わせて、2か月間待つことで、一律対応します。これは、「国からの定額給付金の10万円があれば払える」という市民の声、現に納税相談に400件を超える相談が届いていることに応えるものです。定額給付金は8月末までには間違いなく届くので、2か月間一律延長して、その間は督促もせず、延滞料金もかかりません。納期限が延びたという対応になります。

(11) 水道料金の基本料金免除

水道料金の基本料金を6か月分免除します。また、水道料金および下水道使用料の支払いが困難な方を対象とした、支払期限の延長等の対応を行います。

⑿　個人商店に家賃2か月分の緊急支援（上限100万円）

休業等に伴い、事業の継続が困難になる個人商店等に対し家賃の融資を緊急で行いました。無利子・無担保。据置1年・返済期間3年、1事業者につき、対象店舗を複数有する事業者は100万円、1店舗のみの事業者は50万円です。

⒀　感染症対策助成金

飲食店関連組合または商店街と、飲食店を中心としたこれらの組織に所属する店舗に対して、継続的にコロナ感染症対策をしていただくための費用の一部を助成します。1店舗5万円、1組合等100万円（加盟店舗数が50未満の場合50万円）助成します。

⒁　3割おトク商品券

新型コロナウイルス感染症の影響により、とりわけ大きな打撃を受けた商店街を対象に、県と市が連携して「あかし3割おトク商品券」事業を実施しました。

県市合同の20％のプレミアム分に、市単独でさらに10％を上乗せして魅力を高め、地元での購買を促進することで早期に地域経済振興を図るなど、幅広く市民生活を支援する。地域経済の回復と市民生活支援として、商店街などで利用できる商品券を発行。

1冊5000円（500円×13枚つづり、計6500円分）

⒂ 高齢者・障害者緊急生活支援

高齢者や障害者の日常生活に係る緊急の生活支援として食事の宅配やタクシーの利用などのサービスが受けられる利用券を交付。さらに、長引く影響を考慮し、2度（20年、21年）の交付を行いました。対象は①市内在住の70歳以上の高齢者、②市内在住の69歳以下の障害者手帳所有者。サポート利用券500円券×10枚つづり（合計5000円分）、お店での飲食、お弁当の持ち帰りや宅配に利用できます。日用品などの購入も可能です。「病院までの移動手段に」「娘に遠出のお願いをしたい」といった場合に、タクシー券として利用できます。

⒃ 生活要支援者対象に利用券を交付

新型コロナウイルス感染症による日常生活が脅かされる中で、生活要支援者を対象に、食料品や日用品の購入などに使える利用券を交付します。併せて、困りごとを聞くアンケートも実施し、支援につなげます。今回は、むしろ生活保護世帯ではない、しかし生活が厳しい、簡単にいえば非課税世帯を対象とした形で施策展開をしたいと考えています。単にお金を渡して終わり、という発想ではなく、アンケートを取らせていただき、その後の訪問につなげていくように、より近い基礎自治体としての責任を果たす趣旨での制度です。

⒄　認知症サポート給付金・在宅支援金

新型コロナウイルス感染症の影響で、介護サービスや地域の通い場などの利用が制約されている在宅の要支援・要介護の人をはじめ、認知症が発症または進行するなど、日常生活に支障が出ている人に交付金を支給します。在宅介護支援金２０２０年10月１日時点で要支援・要介護認定を受け、在宅で生活している人１万円、認知症サポート給付金、医療機関で、認知症と診断された人２万円、最大３万円を支給します。

6　17項目以外の市の事業の主なもの

⑴　無戸籍者・ＤＶ被害者特別定額給付金事業

無戸籍者、ＤＶ被害者に対する特別定額給付金給付対象者１人当たり10万円を支給します。

⑵　家庭学習支援事業費

臨時休校期間中において、学習教材等について、郵便を利用した双方向のやり取りを行い学力保障と相談支援を行います。対象は、明石市立小・中学校、明石養護学校、明石商業高等学校に通う児童生徒です。

(3) 個人商店等緊急支援金事業の返済据置期間の延長

2020年4月より実施した個人商店等緊急支援金事業の返済据置期間を当初予定していた12か月から18か月間に延長。貸し付けの状況、融資件数は585件、融資総額は1億7956万6000円。

(4) 介護保険料、国民健康保険料、水道料金の据え置き

介護保険料が3年ごとに毎回引き上げられてきましたが、今回の第8期は基金を取り崩して据え置きとします。国民健康保険料についても据え置きとします。また、水道料金引き上げの検討も行われていましたが、議会で市長が「私が市長である限り引き上げはいたしません」と公言しました。

(5) 認可外保育施設における保護者負担金の軽減

新型コロナウイルス感染症拡大防止のため、保育所や認定こども園などの認可施設については、登園自粛要請に応じて、自宅保育に協力した場合には、欠席日数に応じて保育料を軽減しています。しかし、認可外保育施設についてはその対応が施設によって異なり、保育料の減免を実施していない施設もあるので、認可外保育施設についても、緊急支援として市独自に保育料の軽減を実施し、保護者の負担軽減を図ることとします。

保育要件がありながら国や市の補助対象とならない0～2歳児の課税世帯の第1子について、国

の無償化に準じて、月額4万2000円まで保育料を軽減します。

また、第2子以降については、市の認可外施設等利用世帯支援事業の対象となりますが、補助限度額を第1子に合わせて2万円から4万2000円に増額します。

緊急事態宣言が発令された2020年4月及び5月の2か月間を対象とします。

(6) 帰国者全員の健康チェック

明石市在住者が海外から帰国した際、保健師などが健康確認を行い、必要な場合にはPCR検査を行う。2週間の自宅待機の徹底を依頼するとともに、感染対策費1万円と2週間分のマスクを交付します。

(7) 高齢・障害相談ダイヤル開設

すでに明石市は3つの相談ダイヤルを開設しています。「感染したかもダイヤル」「総合相談ダイヤル」「緊急法律相談ダイヤル」です。今回4つ目です。高齢の方や障害をお持ちの方などが、デイサービスに行けなくなってしまったとか、いろんな事情で、家庭が孤立化する状況にあります。そういった時に、近所の方からも、「新聞受けに新聞が溜まり続けている」とか、「洗濯物が干されたままになっている」とかの情報を受け付けます。その情報をもとに、専門のスタッフがスピード感をもって、家庭の方に確認に行き、支援を行います。こういった大変な時だからこそ、いつも以上に寄り添う、いつも以上にしっかりやるということが大事だと考えています。

⑻ 放課後児童クラブ保護者負担金を一律無料化

学校の臨時休業期間中は一日育成を実施し、２０２０年3月～5月分の保護者負担金を一律無料化しました。

7 新型コロナウイルス感染症の患者に対する支援及び差別禁止に関する条例の制定

新型コロナウイルス感染症（以下「感染症」という）の影響で苦しんでいる市民等を総合的に支援し、健康や生活を守るとともに人権を保護するため、本市の感染症対策の基本方針を定める条例を制定しようとするものです。また２０２１年2月13日に施行された「感染症の予防及び感染症の患者に対する医療に関する法律の一部改正」では、入院に応じない場合等は過料の対象になりえるとされていますが、市民に最も身近な基礎自治体の使命として、市民の事情に配慮し、寄り添いながら支援を行う旨を規定いたします。

図表Ⅱ－2－4　条例で規定する総合的な支援

市民、事業者への支援	施設等への支援
①　知識の普及啓発、まん延防止措置	①　巡回指導、啓発活動
②　情報提供及び助言、相談体制の充実	②　保健師等による指導及び助言
③　安心して日常生活を営むための支援	③　消毒支援
④　経済的負担の軽減を図るための支援	④　まん延防止のための資材や経費に係る支援
⑤　家族へ配慮した支援	⑤　事業継続支援

出所：明石市ウェブサイト。http://www.city.akashi.lg.jp/seisaku/kouhou_ka/shise/shicho/kaiken/documents/20210217_koronajourei.pdf

［条例に規定する主な内容は］

①総合的支援

感染症が発生しないよう、また、発生した場合でも市民への影響が最小限になるよう、市民、事業者、社会福祉施設等の施設に対し、総合的な支援を行います（図表Ⅱ－2－4参照）。

②差別的取り扱いの禁止

何人も、すべての者に対し、感染していることや過去に感染したことがあること等を理由とした差別的扱いを禁止します。差別的扱いを受けた場合や、その恐れがある場合は、被害者の救済を図るため、相談や情報の提供、日常生活支援、権利を擁護するために必要な支援を行います。

③法改正に伴う罰則措置に対する市の方針の明確化

感染症法の一部改正に伴い、

・入院を拒否した者や入院期間中に逃げた場合等（感染症法第80条）

・保健所職員による積極的疫学調査を拒否した場合等（感染症法第81条）

について新たに過料が設けられましたが、罰則を持ってその手段とするのではなく、当該行為を行った市民の事情を配慮し、寄り添いながら支援を行う旨を明記します。

8　考え方と柔軟な対応

⑴　なぜ支援ができるのか

さまざまな理由があると思いますが、国、県をまたず明石市から発信していくスタンスと、財政的な裏付けがあることが大きな要因といえます。

発想の転換により生み出した好循環と基金の積み増しがあります。70億円の基金を115億円まで積み増しできていた大きな理由は、2018年日本たばこ産業（JT）工場跡地5・8ヘクタールを35億9000万円で購入、そのうち3・6ヘクタールを約66億8000万円で売却、差額を基金に積み立てていました。また、人口が増加したことで、税収が25億円増えています（2012年度比）。加えて国からの地方交付税が2021年度以降、年間約6億円以上増加する見込みです。しかし、基金もいつまでも続くわけではありません。やはり国、県の支援が必要です。

⑵　どういう価値判断で施策を展開しているのか

もともと泉市長は、困っている方に早く手を差し伸べる、だれひとり取り残さない、というスタンスで施策を展開していました。コロナウイルス感染症の拡大により、その必要性が大きくなりました。

　商品券の発送、絵本の宅配便、テイクアウト・デリバリー子ども食堂、赤ちゃん応援給付金などの支給時に、「困りごとはないですか」とアンケートを実施しています。このようにして市民の声を多く聞くことにより、次の施策に生かしています。

　学生への前期分の学費の緊急支援や高校進学給付型奨学金のように、実際募集してみると、最初の募集内容を超えて、より多くの方が困っていました。実際に金額も足りていないことがわかり、そのつど人数、金額を実情に合うように変更しています。

　最後に市長の政治姿勢を紹介します。

「市民の生活、くらし、市民の声を最もダイレクトに聞けるのは市町村です。その外側に都道府県があり、国は最も遠い。国、県の役割も大事ですが市民に近い市町村こそが、リーダーシップを発揮してチャレンジしていくべき、そういう発想の転換が一番大事だとおもいます。前例主義ではなく、参考にしつつも新しい政治を作っていくことが大事、今回のコロナ対策ではそれが問われたと感じています。上から一律の時代は終わった。これまで通りでなく市民目線で、地方ごとに、新しい政治に挑戦し、発想の転換が有るか無いかが大きな違い、ここが明石の特長です。明確なビジョン、大胆な人事、予算のシフト、市民の応援があればできないことはない」と動画「やさしい社会を明石から」（https://www.city.akashi.lg.jp/seisaku/shichou_shitsu/shise/shicho/douga.html）の中で話しています。

編著者

伊藤周平（いとう　しゅうへい）

　鹿児島大学法文学部法経社会学科教授

著　者

瀬戸大作（せと　だいさく）　反貧困ネットワーク事務局長

楠本美紀（くすもと　みき）　兵庫県明石市議会議員

コロナがあばく社会保障と生活の実態

［コロナと自治体　3］

2021年7月30日　初版第1刷発行

編著者　伊藤周平

発行者　長平　弘

発行所　株式会社 自治体研究社

〒162-8512 東京都新宿区矢来町123 矢来ビル4F

TEL：03·3235·5941／FAX：03·3235·5933

http://www.jichiken.jp/

E-Mail：info@jichiken.jp

ISBN9784-4-88037-724-7 C0036

印刷所・製本所：モリモト印刷株式会社

DTP：赤塚　修